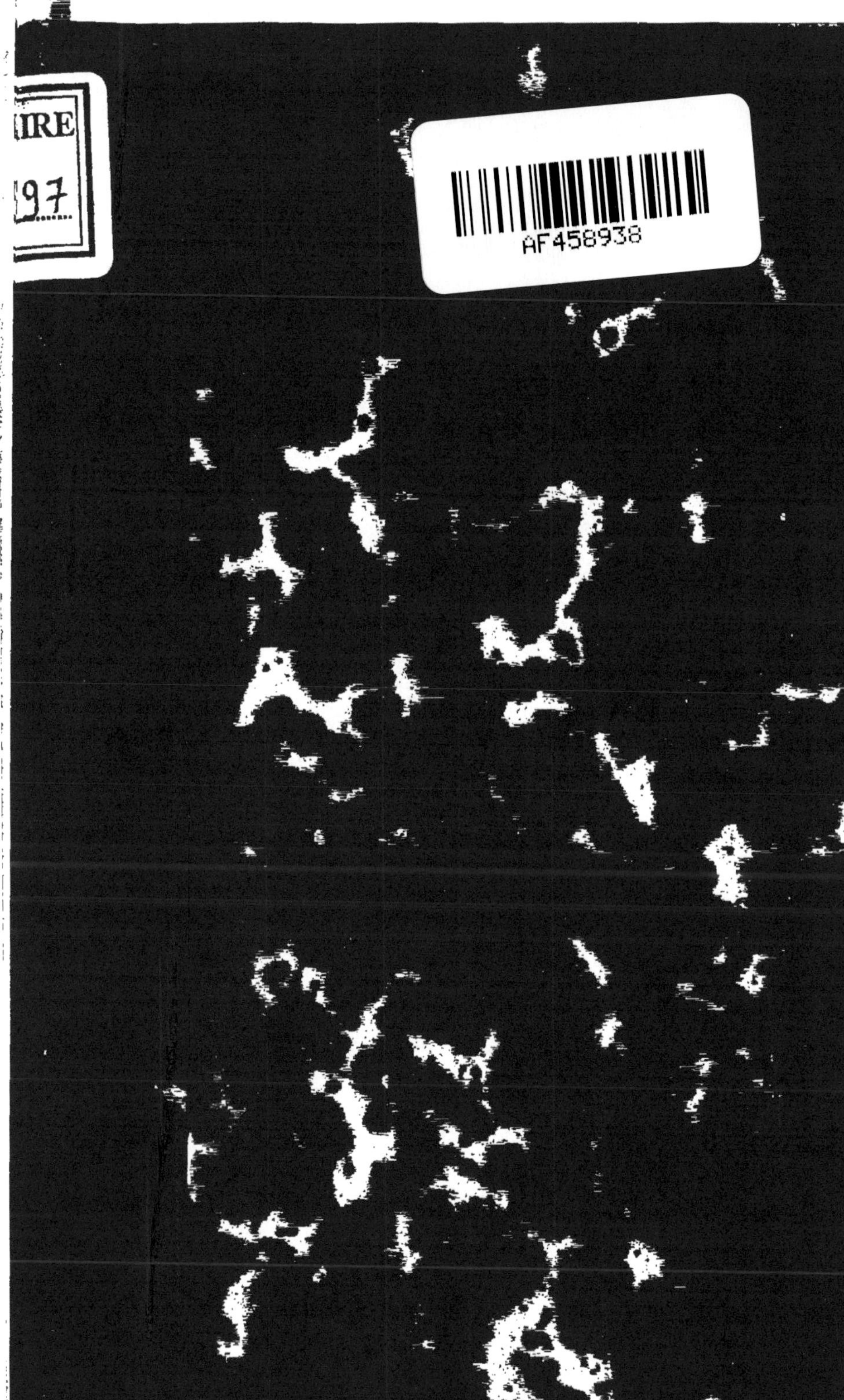
AF458938

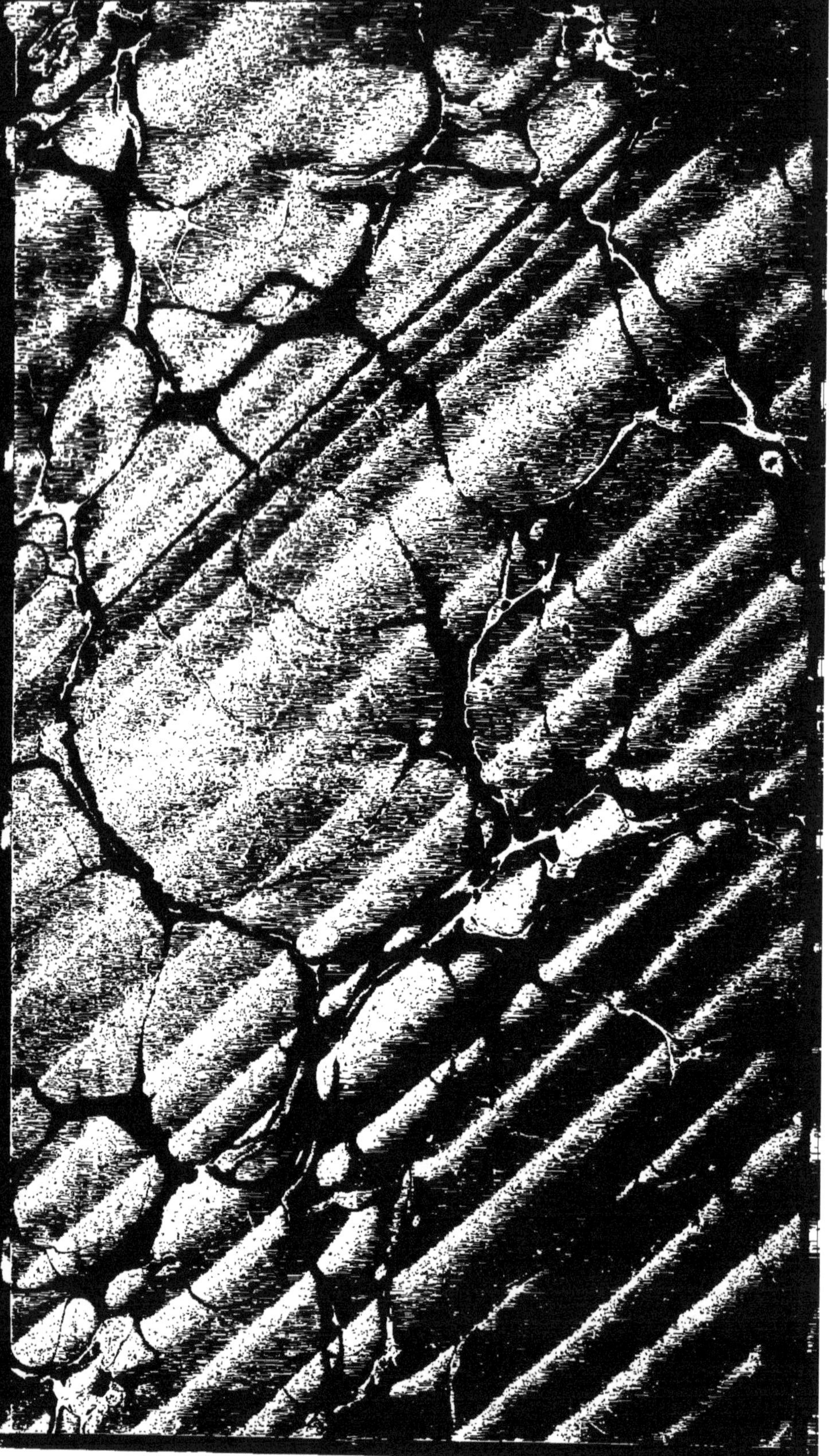

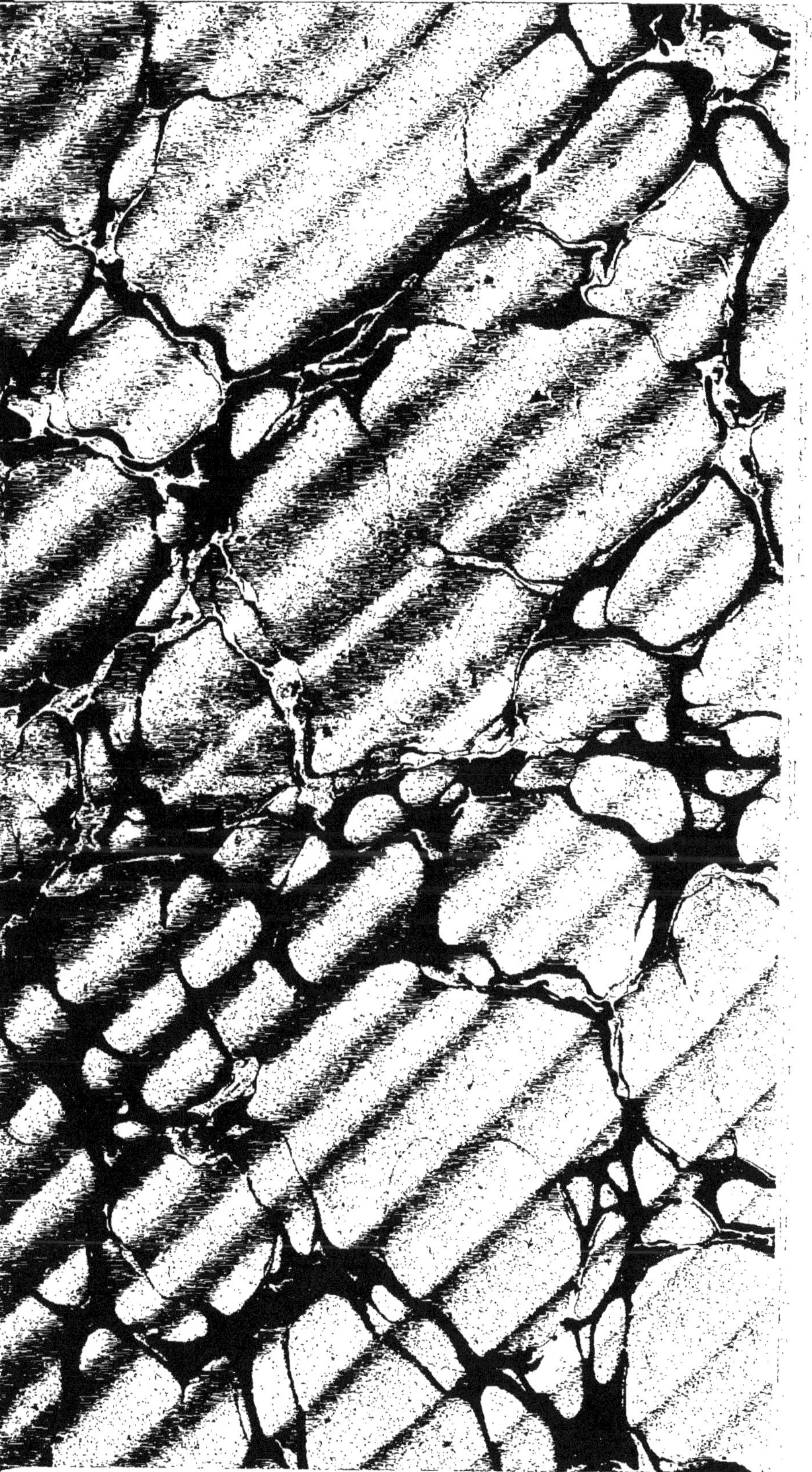

ART
DE CONSERVER
LES SUBSTANCES
ALIMENTAIRES.

CET OUVRAGE SE TROUVE AUSSI :

A Angers,	chez Fourrier-Mame.
Besançon,	— Girard.
Bordeaux,	— Gassiot.
Bruxelles,	— Demat.
Clermont--Ferrand,	— Thibault-Landriot.
Dijon,	— Victor Lagier.
Le Hâvre,	— Chapelle.
Liége,	— Desoër.
Lille,	— Bronner-Bauwens.
	— Vanackère.
Lyon,	— Maire.
Le Mans,	— Pesche.
Marseille,	— Camoin frères.
Metz,	— Husson frères.
Milan,	— J. Bocca.
Moscou	— Fr. Riss, père et fils.
Mons,	— Leroux.
Nantes,	— Mellinet-Malassis.
Rouen,	— Frère aîné.
Strasbourg,	— Février.
	— Levrault.
Toulouse,	— Devers.
Turin,	— Bocca.

ART
DE CONSERVER
LES SUBSTANCES
ALIMENTAIRES,

PARTICULIÈREMENT EMPLOYÉES
DANS L'ÉCONOMIE DOMESTIQUE, POUR LA NOURRITURE
DES HOMMES;

SUIVI DES MOYENS DE DÉSINFECTER CELLES QUI SERAIENT
CORROMPUES, ET D'UTILISER CELLES QUI NE SONT PAS
SUSCEPTIBLES D'ÊTRE CONSERVÉES.

PAR J.-L. R.

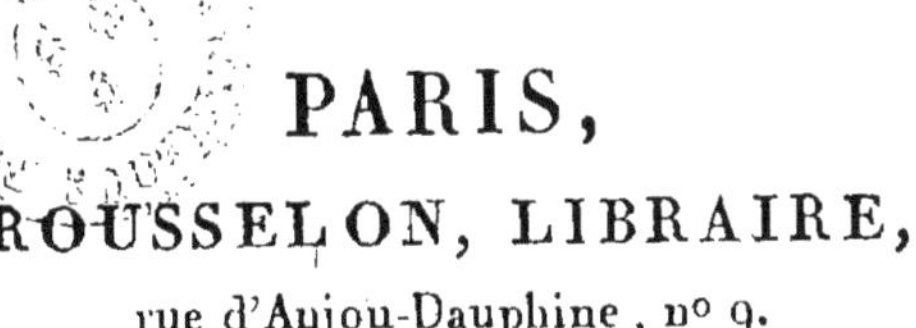

PARIS,
ROUSSELON, LIBRAIRE,
rue d'Anjou-Dauphine, n° 9.

1824.

TABLE
DES ARTICLES.

ART

ART
DE CONSERVER
LES
SUBSTANCES ALIMENTAIRES.

PRINCIPES GÉNÉRAUX.

Nous ne rechercherons pas si les hommes ont rempli le vœu de la nature, en s'accoutumant à toutes espèces de nourriture ; les observations que l'on pourrait faire à cet égard, n'auraient aucun but ; elles ne changeraient rien aux habitudes actuelles. Il nous suffit donc de constater qu'ils sont devenus omnivores ; toutefois les substances qui servent à l'alimentation sont toutes puisées dans la classe des végétaux et celle des animaux. Les minéraux ne contiennent aucun principe nutritif. Cependant les substances végétales et animales que crée la nature, ne sont pas toutes consacrées à la nourriture de l'homme; il en est parmi les premières qui sont spécialement réservées à la guérison des maladies, et d'autres qui produisent sur l'économie animale une action délétère et souvent morbide : parmi les secondes, il s'en trouve également que l'on ne mange pas, soit qu'elles aient des qualités insalubres, soit que le goût et l'usage les aient exclues de la liste des alimens.

Malgré ces éliminations, la masse des substances nutritives est encore immense; et qui le croirait! au milieu de tant de ressources, l'homme éprouve quelquefois la disette et la famine. Les causes qui les produisent sont placées dans une sphère trop élevée pour que nos efforts puissent y remédier; mais on ne peut nier que l'économie dans les substances alimentaires dont nous nous occuperons, et leur emploi bien ordonné, ne puissent concourir à rendre ces fléaux plus rares; car que de choses perdues, dans l'économie domestique, par la putréfaction à laquelle on ne s'oppose pas assez! C'est principalement à développer les moyens qui peuvent la retarder que nous allons consacrer cet ouvrage. Nous n'indiquerons que des procédés simples, d'une exécution facile, peu dispendieux, et dont l'effet soit capable de prolonger suffisamment la durée des substances propres à l'alimentation, afin qu'elles puissent être consommées dans un état où elles jouissent de toutes leurs qualités, tant sous le rapport du goût que sous celui de leurs propriétés nutritives.

Par l'application bien dirigée de ces procédés, on peut, sans augmenter les frais d'existence, souvent même en les diminuant, jouir dans toutes les saisons d'une nourriture abondante et variée. Sans doute il faut s'astreindre à quelques soins; mais une bonne mère de famille, pour qui l'économie est un besoin, ne trouve-t-elle pas une douce récompense de ses travaux, en offrant à son époux et à ses enfans, pendant la rigueur de l'hiver, quelques-uns des mets ou des fruits que cette saison nous refuse, et que ses soins prévoyans ont su conserver?

Les riches, chez qui l'opulence exclut trop souvent l'économie, dédaigneront peut-être l'emploi de ces mêmes procédés, pouvant avec leur or se procurer toutes les jouissances de la vie. Mais le pauvre a besoin de leurs secours; et la meilleure manière de l'obliger, est de lui indiquer les moyens de rendre ses alimens salubres. Constamment occupé à soutenir, par un travail opiniâtre, sa pénible existence, il n'a pas le temps de les chercher dans un livre, qu'il ne peut d'abord pas se procurer; c'est donc au riche à s'instruire pour lui, et à lui communiquer les observations qui peuvent lui être utiles. Un conseil n'humilie personne; l'aumône la plus délicatement offerte fait souvent rougir l'honnête pauvreté.

Honneur donc aux hommes dont la philantropie les a portés à diriger leurs travaux vers un but utile à l'humanité; mais honneur aussi à ceux qui propagent, dans la classe la plus souffrante de la société, les découvertes qui peuvent tendre à améliorer son sort.

Tout naît et meurt dans la nature, l'instant de l'existence est à peine sensible pour une foule de choses. Il semble qu'un travail continuel soit une loi de notre globe dont l'histoire pourrait s'écrire en deux mots : production et destruction. Dès qu'une substance est arrivée à sa perfection, elle tend à s'altérer; et tous nos alimens que nous sommes obligés d'attendre à ce point, jouissent donc peu de momens de toute leur fraîcheur.

Il résulte de ce que nous venons de dire, que toutes les substances alimentaires tant animales que végétales abandonnées à elles-mêmes, subissent une décomposition spontanée plus ou moins prompte, suivant les proportions de leurs principes constituans. Cette décomposition est le résultat de la réaction qu'opèrent les uns sur les autres ces mêmes principes; elle est activée par l'action des agens extérieurs, tels que l'air, la chaleur et l'humidité. Leur durée est d'autant plus grande, que leur organisation est plus sèche et plus solide; elle l'est d'autant moins qu'elle est plus humide et plus molle. D'après cela, l'art de conserver les substances alimentaires, ou pour mieux dire d'en retarder la putridité pendant un certain temps, consiste principalement dans les moyens qui peuvent les mettre à l'abri de l'air, de la chaleur et de l'humidité, et ensuite dans ceux qui peuvent détruire l'action intérieure de leurs principes constituans, ou au moins suspendre ses effets.

Les procédés généraux de conservation que l'art a inventés, et que l'expérience a fait reconnaître les meilleurs, sont: 1° la dessication; 2° la salaison; 3° l'infumation; 4° l'application de la chaleur; 5° le froid au-dessous de o de Réaumur; 6° l'immersion dans les acides et particulièrement le vinaigre; 7° celle dans les corps gras; 8° la conservation par le sucre; 9° et l'immersion dans l'alcohol ou eau-de vie. Outre ces moyens conservateurs, il en est quelques autres, mais qui ne communiquent pas aux alimens une faculté long-temps préservative. Voyons sommairement, comment agissent en général ces divers procédés.

De la Dessication. Nous avons dit que l'humidité qui peut environner une substance concourt à sa décomposition, mais celle qu'elle contient intérieurement est encore plus à craindre; elle ramollit et désunit les tissus, devient l'agent d'une fermentation insensible qui produit enfin la putridité. La dessication a donc pour but de dissiper cette humidité dangereuse. Elle peut être employée à la conservation des substances animales et végétales, quoique plus généralement elle soit appliquée aux dernières. On la produit en les exposant dans un grand courant d'air, à la vive action du soleil, ou à la chaleur d'un four ou d'une étuve chauffés à un degré convenable. C'est de la nature des substances à dessécher que dépend le procédé à employer.

De la conservation par le sel. Le sel est

particulièrement employé pour la salaison des viandes; il pénètre leur tissu qu'il resserre et dessèche en faisant écouler leur jus avec lequel il forme une saumure qui ne se corrompt pas. On l'emploie cependant aussi à la conservation des végétaux.

De l'infumation. Cette opération est une sorte de dessication; elle est principalement en usage pour les substances animales. Ses effets sont d'abord de priver les chairs d'une portion de l'humidité qu'elles contiennent, et de rendre ainsi leur tissu plus dur et moins pénétrable par l'air. Ensuite l'acide pyroligneux, (ou acide acétique mêlé d'une huile empyreumatique), produit par la combustion du bois, se fixe à leur surface qu'il pénètre un peu, et y forme un enduit qui les rend moins altérables.

Le procédé général par lequel on soumet les substances animales à l'infumation, varie seulement par rapport aux quantités de celles-ci; il consiste à les exposer à la fumée d'un feu de bois vert. On peut l'employer pour toutes espèces de viandes, mais notamment pour le bœuf et le porc, et pour un grand nombre de poissons.

De la concrescibilité par la chaleur. La

chaleur, au-dessus de 80 degrés, a la propriété d'empêcher la décomposition en rendant inactifs les principes constituans des substances sur lesquelles elle agit ; mais pour que cet effet soit certain et durable, il est indispensable de les soustraire entièrement à l'action de l'air. Il n'est pas une ménagère qui ne sache que les alimens cuits, surtout les viandes, se conservent plus long-temps que crues. Ici, c'est un commencement de cuisson que l'on opère, et qui, en même temps, chasse tout l'air contenu dans le vase où l'on renferme les substances qu'on y soumet ; lequel vase est ensuite maintenu hermétiquement bouché. C'est ce moyen qui fait la base du procédé de M. Appert. On peut l'employer pour toutes les substances alimentaires, tant animales que végétales ; il réussit même parfaitement à rendre muettes les liqueurs fermentescibles, telles que du moût de raisin. Ce procédé, qui convient à un si grand nombre de substances, varie nécessairement dans son application. Mais le mécanisme du procédé étant le même dans toutes les circonstances, nous avons cru devoir le décrire ici, afin de ne pas donner lieu à des répétitions inutiles.

Ce procédé consiste à renfermer dans des vases de verre ou de fer-blanc, les substances que l'on veut conserver; à boucher hermétiquement ces vases; à les soumettre à la chaleur de l'eau bouillante dans un bain marie, pendant un temps plus ou moins long; et enfin à les retirer du bain marie au moment prescrit.

Il faut d'abord faire, avec un soin particulier, le choix des vases et des bouchons, et mettre une attention scrupuleuse à boucher bien hermétiquement. M. Appert préfère les vases en verre, comme exempts de contracter un mauvais goût. Il conseille de les faire faire pour qu'ils soient d'une force égale, et que leur embouchure soit plus grande qu'un col de bouteille qui ne permet pas l'intromission d'objets un peu gros. Il voudrait aussi que cette embouchure ait un bourrelet ou bague extérieure, pour fixer le fil de fer destiné à assujétir le bouchon, et que l'intérieur de ce col ait un renflement, pour que le bouchon entrât de force et fermât plus exactement.

Le but de l'opération étant de détruire par la chaleur tous les principes fermentescibles que contiennent les substances qu'on y soumet, et ensuite de dilater et chasser hors du vase l'air intérieur, il est donc essentiel de bien boucher pour empêcher celui-ci d'y rentrer. Le bouchon doit aussi être fixé solidement avec un fil de fer, pour résister à la dilatation de l'air. Il est nécessaire que les bouchons soient lutés, et voici la composition qu'indique M. Appert. Il emploie, pour ce lut, de la chaux éteinte à l'air et mélangée avec du fromage blanc, de manière à en former une bouillie épaisse dont il recouvre le bouchon.

Il y a peu de difficultés à boucher un vase dont l'embouchure est petite ; il suffit d'y faire entrer de force, avec une batte, un bouchon mâché aux trois quarts avec un instrument fait exprès et trempé dans l'eau pour le faire glisser mieux. Le bouchon ne doit entrer que jusqu'aux trois quarts, afin de présenter un point d'appui au fil de fer qu'on y ajuste en croix, comme on le fait pour du vin de Champagne. On couvre ensuite le bouchon du mastic que nous avons indiqué, ou, après l'opération, on le goudronne avec un goudron semblable à celui dont on se sert pour les vins.

Mais lorsque le vase employé a un orifice large, il faut faire un bouchon exprès. M. Appert en compose de trois, quatre et cinq morceaux de liége de 20 à 24 lignes de longueur, collés de bon sens, c'est-à-dire les pores du liége placés horizontalement. Voici la colle qu'il indique pour cet usage.

On fait fondre, sur le feu, quatre gros de colle de poisson bien battue, dans huit onces d'eau; après sa parfaite fusion on la passe dans un linge fin; on la remet ensuite sur le feu pour la faire réduire des deux tiers; on ajoute alors une once d'eau-de-vie à 22 degrés, et on laisse sur le feu jusqu'à ce que le tout soit réduit à environ trois onces. Dans cet état, on la tient sur des cendres chaudes, pour empêcher son refroidissement; on fait chauffer les morceaux de liége préparés; avec un pinceau, on enduit légèrement les faces destinées à être collées, et enfin on les applique l'une contre l'autre. Lorsque tous les morceaux composant le bouchon sont réunis et collés, on les entoure d'une ficelle bien serrée pour les maintenir, et on les fait sécher pendant quinze jours, soit au soleil, soit à une chaleur douce. Après ce temps, on taille le bouchon avec un bon couteau, et on lui donne la forme nécessaire en calculant sa grandeur sur l'orifice du vase qu'il doit boucher, et le tenant plutôt large qu'étroit.

Ces bouchons doivent de même entrer de force, et être lutés; il convient aussi de coller tout autour des petites bandelettes de toile; et pour donner prise au fil de fer qui les assujétit, on place sur ces bouchons un morceau de liége de sept à huit lignes de hauteur sur douze ou quinze de diamètre.

On voit, par ce qui précède, que les moyens employés pour boucher les vases à large ouverture présentent quelques difficultés. C'est un des inconvéniens des vases de verre; mais leur fragilité n'en est pas un moindre. M. Appert, pour y rémédier, se sert de paille ou de foin pour placer dessous et entre les vases dans le bain marie; cependant, il préfère les envelopper avec un sac de treillis ou de grosse toile. Toutefois il avoue qu'il est impossible de se garantir de quelque accident. L'expérience lui a démontré que la casse était ordinairement de trois bouteilles sur cent, excepté pour les petits pois, qu'il regarde comme le plus difficiles à conserver, et où il a toujours cassé de dix à quinze bouteilles sur cent.

Les Anglais, qui ont mis à profit ce procédé ingénieux, l'ont perfectionné en renfermant les substances à conserver dans des vases en fer blanc, auxquels est adapté un couvercle, qu'ils soudent quand le vase est rempli. Par ce moyen, ils garantissent parfaitement les substances du contact de l'air; ils n'ont point la peine de ficeler avec du fil de fer, et ne redoutent pas les accidens. Ne serait-il pas possible, dans l'économie domestique, de faire de même usage de vases en fer-blanc, dans lesquels les substances se conservent très bien? Au lieu de souder les couvercles, on pourrait les lutter avec le lut indiqué précédemment, et même les assujétir, pour plus de précaution, avec un fil de fer en croix. Une fois l'achat fait de ces vases, on n'aurait pas besoin de les renouveler souvent; on pourrait les avoir d'une forme et d'une dimension commodes, et l'on éviterait à la fois et les accidens de la casse et les difficultés de bien boucher les vases à large ouverture.

Quant à la manière d'opérer, elle se réduit à remplir les vases des substances qu'on se propose de conserver; à les boucher parfaitement en observant les conditions ci-dessus; à les envelopper d'une toile ou de foin et de paille, lorsqu'ils sont casuels, (précaution inutile, quand ils sont en fer-blanc), et à les plonger dans l'eau froide d'un bain marie que l'on chauffe ensuite jusqu'à l'ébullition, et que l'on maintient le temps nécessaire dans ce dernier état. Il faut observer 1° que les vases doivent baigner dans l'eau jusqu'à quelques lignes seulement du bouchon; 2° que l'eau du bain marie devant toujours être à la même hauteur, il faut remplacer celle qui s'évapore par de l'eau bouillante que l'on tient prête à cet effet; ceci est d'autant plus essentiel lorsque l'on opère avec des vases en verre, qui casseraient infailliblement, si l'on se servait d'eau froide.

Lorsque l'ébullition a duré le temps nécessaire, on enlève le bain marie de dessus le feu, on le laisse refroidir, et lorsqu'on peut y tenir la main, on en retire les bouteilles et les vases en verre. S'ils étaient en fer-blanc, on pourrait les en ôter de suite. Le lendemain, ou quelques jours après, on empile les bouteilles comme du vin, dans un endroit frais, ou on y range les vases.

M. Appert applique également le calorique par le moyen de la vapeur de l'eau; mais ce procédé, d'une exécution plus difficile que le bain marie, exige un appareil et des précautions qui sont moins à la portée des ménagères.

Les substances ainsi préparées peuvent se

garder très-long-temps. M. Appert en a ainsi conservé trois ans, et elles étaient aussi fraîches et d'aussi bon goût qu'en les renfermant dans le vase. Mais dans l'usage domestique, il suffit de pouvoir conserver les alimens d'une année à l'autre, puisque l'on peut les renouveler régulièrement. Nous indiquerons, en parlant de chaque substance qu'on peut conserver ainsi, le temps qu'elle doit être tenue dans le bain marie.

De la concrescibilité par le froid. Le froid au-dessous de zéro du thermomètre de Réaumur, opère les mêmes effets que la chaleur. Les habitans des pays septentrionaux conservent, sans altération, pendant un très-long temps, de la chair et du poisson qu'ils ont laissé geler fortement, et qu'ils tiennent dans des fosses sous de la paille. On doit toutefois en faire usage aussitôt qu'on les a fait dégeler. Chez nous, ce moyen est peu usité; cependant on peut facilement conserver de la viande, des poissons et des fruits, pendant les chaleurs de l'été, en les plaçant dans une glacière.

De la conservation par les acides. C'est l'acide acétique, ou le vinaigre, que l'on emploie dans l'économie domestique; il agit en remplaçant, dans les végétaux que l'on y plonge, l'eau qu'ils contiennent. Il est essentiel de l'employer très-fort, parce que cette eau de végétation l'affaiblit considérablement. C'est la raison qui fait qu'on le renouvelle quelquefois au bout d'un certain temps, ou qu'on le fait bouillir pour évaporer l'eau surabondante. C'est principalement à conserver les végétaux qu'il est employé; il réussit cependant pour les substances animales, mais il leur communique un goût qui ne plaît pas à tout le monde.

De la conservation par les corps gras. L'effet que produisent les huiles et les graisses, relativement à la conservation des substances qu'on en recouvre, résulte de ce qu'elles les garantissent de l'action de l'air. Mais leur effet n'est pas d'une bien longue durée, n'étant pas elles-mêmes imputrescibles.

De la conservation par le sucre. Le sucre étant incorruptible, remplace, dans les substances que l'on conserve par son moyen, et qui sont toutes végétales, leur eau de végétation, et leur communique sa qualité préservative; ou bien il forme autour d'elles un vernis qui les garantit du contact de l'air dont lui-même ne reçoit aucune altération.

De la conservation par les spiritueux. L'eau-de-vie, ainsi que le vinaigre, peut être employée à la conservation des végétaux sur lesquels elle agit de la même manière. C'est principalement à conserver les fruits qu'on l'emploie. Il faut qu'elle marque vingt-deux degrés, parce qu'elle s'affaiblit considérablement par le suc des fruits qui s'y mêle. Quelques personnes préfèrent employer l'alcohol, ou esprit-de-vin, qu'elles réduisent avec de l'eau au degré convenable. L'eau-de-vie pourrait être employée à la conservation de la viande; car des expériences prouvent que de la chair qui y a séjourné long-temps a fourni un excellent bouillon.

Telles sont les bases des procédés capables de concourir à la conservation des substances alimentaires, pendant un temps plus ou moins long. Mais avant d'en faire l'application à chacune d'elles, nous devons faire quelques observations qui se rapportent à la conservation journalière des alimens; chose très-importante, quoique pour l'ordinaire très-négligée. Nous voulons parler de la disposition du lieu où on serre les alimens cuits, ainsi que les viandes que l'on veut attendre: en un mot, du garde-manger. Veut-on, pendant les chaleurs de l'été, conserver tous ces objets dans un état de fraîcheur convenable pendant le temps qui doit s'écouler jusqu'à leur consommation, il faut alors disposer un garde-manger comme nous allons l'indiquer.

Du garde-manger. Une pièce au rez de chaussée, voûtée s'il est possible, et obscure, est celle qu'il faut choisir; une cave sèche et peu profonde serait encore préférable. On fermera la croisée dont l'exposition devra être le nord, et on y laissera seulement un ou deux carreaux ouverts, que l'on garnira d'un canevas pour s'opposer à l'entrée des mouches. La porte aura de même une ouverture carrée fermée par un canevas, ce qui établira dans la pièce un courant d'air rafraîchissant. Au milieu, on suspendra à la voûte une espèce de cage formée d'un assemblage en bois, sur lequel on clouera de même du canevas. Un des côtés de cette cage sera à charnière, pour servir de porte. On y placera intérieurement un croc en fer pour y suspendre les viandes. Enfin sur la tablette qui forme le fond de cette cage, on peut déposer les mets que l'on doit servir de nouveau le lendemain. Cette pièce peut en outre être utilisée, en y déposant une partie des provisions.

Plusieurs choses sont à considérer dans la disposition que nous venons de prescrire. Nous avons dit que l'obscurité était nécessaire : en effet, elle éloigne les mouches et entretient moins la chaleur. La pièce au rez de chaussée a plus de fraîcheur ; elle en aurait davantage encore si elle était souterraine. Enfin, le courant d'air que l'on y établit en le renouvelant continuellement, chasse les miasmes putrides qui pourraient, en y séjournant, hâter la décomposition des alimens, entretient un peu de fraîcheur, et contribue à faire évaporer l'humidité qui, comme on sait, est un agent de décomposition.

Comme notre but est principalement l'économie, et que beaucoup de nos lecteurs n'auront pas à leur disposition une pièce pour y établir leur garde manger, ils pourront alors se contenter de ces garde-mangers extérieurs que l'on place à peu de frais au dehors des croisées, pourvu toutefois que ce soit dans un lieu où le soleil ne puisse darder ses rayons. Nous avons remarqué qu'assez généralement ces garde-mangers ont trois côtés en canevas ; cela nous paraît être un défaut, parce qu'alors il n'y a point de courant d'air. Il faudrait donc, pour y entretenir plus de fraîcheur, rendre plein en bois le côté parallèle à celui adossé au mur, et ne mettre du canevas qu'aux deux extrémités dont l'une serait la porte. Mieux valent encore les garde-mangers placés sur la fenêtre même, et dont les côtés extérieur et intérieur sont seuls garnis d'un canevas, parce qu'alors, en tenant la fenêtre ouverte, il y a continuellement courant d'air.

Mais il est encore une autre disposition de garde-manger également économique, et qui est préférable à celles que nous venons d'indiquer. On l'établit sous le manteau d'une cheminée. Voici de quelle manière : On ferme le conduit de la cheminée, au moyen d'une plaque en tôle taillée exactement sur sa dimension, afin qu'elle bouche parfaitement. Au milieu est un trou rond que l'on garnit d'un tuyau à poêle, en tôle, surmonté d'un chapiteau, pour qu'aucune ordure ne puisse tomber dans le tuyau, et que cependant il puisse y avoir un courant d'air. Au-dessous de cette plaque, on fixe un cadre en bois, couvert d'un canevas, pour empêcher l'accès aux mouches, ou autres insectes qui pourroient s'introduire dans le tuyau et salir les alimens; on place plusieurs tablettes sous le manteau de la cheminée, dont on ferme le devant par un châssis en bois garni de deux portes également recouvertes en canevas. Ce garde-manger est excellent, et peut être déplacé facilement l'hiver, lorsque le froid force à donner à la cheminée une autre destination.

Enfin, quand on ne peut établir aucun de ces garde-mangers, il reste encore le moyen, par des cloches en canevas, de garantir les mets des souillures des mouches, en les déposant ainsi couverts dans l'endroit le plus frais de l'appartement. On peut donner à ces cloches une charpente en bois, ou même en fort fil de fer; mais il vaut mieux les faire faire en fer blanc, dont les branches et la circonférence sont percées de trous pour coudre le canevas. Ces cloches posent plus exactement sur les tablettes, et empêchent mieux l'introduction des mouches.

On peut dire, en général, que la manière la plus certaine de conserver les alimens, serait de les garantir du contact de l'air, qui, conducteur de la chaleur, et susceptible de s'imprégner d'humidité, leur communique ces deux agens de décomposition. C'est le but que MM. Foucque ont cherché à atteindre en inventant un garde-manger pneumatique qui a complétement réussi.

DE LA CONSERVATION
DES SUBSTANCES ANIMALES.

Les alimens que nous fournissent les animaux sont ceux qui, abandonnés à eux-mêmes, subissent plus promptement la décomposition. Malgré qu'elle puisse avoir lieu sans le contact de l'air, néanmoins ce fluide l'active prodigieusement; et c'est déjà beaucoup gagner que de mettre les substances animales à l'abri de son influence. Un grand nombre de personnes attribuent la putréfaction des chairs au dépôt d'œufs qu'y font certaines mouches; mais l'effet qui en résulte n'en est pas la cause première; il n'est qu'un agent de plus, car la chair se décompose de même sans être atteinte par aucun insecte, et alors seulement on n'y voit pas de petits vers comme dans celle que les mouches ont attaquée. Une chaleur humide contribue encore beaucoup à la putréfaction. En conséquence, les moyens principaux de conservation consistent dans la sécheresse et la soustraction du contact de l'air; mais ils sont insuffisans, parce qu'ils ne détruisent pas complétement les élémens de putridité que chaque substance porte en elle.

Dans l'économie domestique, on a de fréquentes occasions de reconnaître l'importance de la conservation des viandes. Par exemple, les personnes éloignées des grandes villes, qui sont par cette raison obligées de s'approvisionner au moins pour la semaine, éprouvent chaque jour le besoin de recourir à des moyens de conservation plus ou moins certains. Nous n'avons pas l'intention de décrire tous ceux qui ont été employés, nous ne voulons que faire connoître les procédés qui sont d'un effet assuré

Nous comprenons, dans les substances animales, les viandes de bœuf, de mouton, de veau, de porc, les volailles, le gibier, les poissons, le beurre et les œufs.

Des viandes, volailles, gibier et poissons.

Les substances animales peuvent se conserver en bon état pendant deux ou trois jours au plus en été, en les tenant renfermées dans un garde-manger convenablement disposé; mais il faut recourir à d'autres moyens quand on veut prolonger leur durée au-delà de ce terme. Cependant il n'est pas toujours nécessaire d'employer les procédés qui leur assurent une grande durée; ce serait dans plus d'une occasion prendre un soin et une peine inutiles. Nous allons donc indiquer d'abord ce qu'il faut faire pour les conserver pendant quelques jours; nous observerons toutefois que plus un animal est jeune, plus il a de dispositions à se corrompre à cause de sa contexture humide. C'est pourquoi les viandes d'agneau et de veau sont plutôt gâtées que celles de mouton et de bœuf; c'est aussi pourquoi le poisson se corrompt aussi facilement.

Le premier moyen, qui se présente, est de garantir, le plus possible, la substance que l'on veut conserver, de l'air, de l'humidité et de la chaleur. On y parvient assez facilement en l'enveloppant d'un linge blanc que l'on serre bien dessus; on la place dans un pot de grès bien sec, ou dans une boîte de bois; on couvre l'un ou l'autre hermétiquement, et on l'enterre dans du sable bien sec, dans un lieu exempt d'humidité et d'une température basse. Il est inutile de dire qu'on a dû choisir la substance à conserver dans un état très-frais. Ce moyen réussit mieux à l'égard des viandes de boucherie, de porc, du gros gibier, que pour les volailles, le gibier plume et les lièvres et lapins; parce que l'air qui reste dans le corps de ces derniers, après qu'ils sont vidés avec soin, suffit pour hâter la putridité. Au surplus, les grosses viandes même ne peuvent être conservées ainsi que huit à dix jours.

A l'égard des volailles, du gibier plume et des lièvres et lapins, voici un moyen qui est préférable, mais qui ne peut pas être pratiqué partout. Il s'agit de vider avec soin celui de ces animaux que l'on veut conserver ; car c'est toujours par l'intérieur que commence la putréfaction. Lorsqu'il est parfaitement nettoyé intérieurement, il faut le remplir de blé ou d'avoine, en tassant ces grains le plus possible, et le laisser couvert de sa plume ou de son poil. On l'enterre ainsi dans un tas de blé ou d'avoine. On dit avoir ainsi conservé bonne, pendant quarante jours, une pièce de gibier.

Mais le moyen par excellence, dont l'exécution est simple, certaine, et susceptible d'avoir lieu partout, est l'emploi du charbon de bois, doué d'une propriété antisceptique que personne n'ignore aujourd'hui. Le meilleur pour cet usage est celui qui est sec et cassant; on le réduit en poudre. Pour conserver par son secours toute espèce de viande, il faut garnir, d'une couche épaisse de cette poussière, le fond du vase dont on a fait choix; il peut être en verre, en terre, ou en bois; cette dernière matière est toutefois la moins bonne. On pose la viande sur cette couche; on fait glisser tout autour d'elle de la poussière de charbon, afin qu'elle en soit parfaitement enveloppée, et qu'elle ne touche au vase d'aucun côté. On achève de remplir celui-ci avec la même poussière; on le ferme hermétiquement, et on le dépose dans un lieu bien sec. De la viande ainsi conservée peut se garder un mois et plus sans danger. Il suffit, lorsqu'on veut la manger, de la laver dans de l'eau fraîche pour la dépouiller de toute la poussière de charbon. Elle peut être ensuite employée à tous les usages de la cuisine.

Pour conserver, par le moyen du charbon, les volailles et pièces de gibier entières, il faut qu'elles soient plumées, dépouillées, vidées et nettoyées avec le plus grand soin. Ensuite il faut les remplir parfaitement de poussière de charbon, et enfin les enfermer dans un vase de la manière indiquée plus haut.

Le charbon est également très-efficace à l'égard du poisson frais d'eau douce et de mer. Il faut qu'il soit écaillé, ouvert et vidé, et rempli avec soin de poussière de charbon, et enfin enterré de même dans cette poussière.

On pourrait croire que l'emploi du charbon deviendrait un objet coûteux, mais il n'en est rien. La même poussière de charbon peut servir plusieurs fois ; il suffit de la rincer dans de l'eau et de l'exposer au soleil ou au grand air pour la faire sécher, et ne s'en servir de nouveau que lorsqu'elle est exempte de toute humidité. Enfin, quand on juge à propos de la remplacer, elle est encore bonne à brûler.

Le bouillon, comme produit de la viande de bœuf, doit trouver sa place ici ; c'est ordinairement sa conservation en été qui désole les ménagères: car la moindre variation dans l'atmosphère le fait tourner à l'aigre. Le moyen le plus simple est de le tenir dans un lieu frais, en plaçant en travers, sur le vase qui le contient, une pincette ou un morceau de fer quelconque. Il est à présumer, lorsqu'il fait de l'orage, que la matière électrique qui accélère la décomposition du bouillon, se décharge sur le fer, et ne lui cause aucun accident.

On réussit mieux à le conserver quelques jours en en remplissant des bouteilles bien rincées, pendant qu'il est encore tiède; les bouchant soigneusement aussitôt qu'il est refroidi, et les rangeant debout dans une cave fraîche et tranquille.

Si l'on voulait conserver de cette manière du bouillon beaucoup plus long-temps, il faudrait alors le composer de la manière suivante : on prend de la viande de bœuf la plus maigre, la plus musculeuse possible, telle que du jarret; cette viande inférieure se vend toujours moins que celle de choix. On la met sur le feu dans un pot de terre vernissée, ou une marmite de cuivre étamé; on y ajoute quelques carottes cuites au four et un peu de persil, mais ni ognons, ni poireaux, ni navets, ni choux qui l'empêcheraient de se conserver; on salera et poivrera un peu fort, et on ajoutera quelques clous de girofle. Ce bouillon étant destiné à être délayé dans de l'eau doit être épicé davantage par cette raison. On fait bouillir jusqu'à ce que la viande soit en charpie; on exprime dans un essuie-main, et on remplit les bouteilles, que l'on a soigneusement rincées et égouttées, avec ce bouillon encore chaud.

On laisse refroidir; le bouillon forme gelée et la graisse qui se fige bouche hermétiquement le goulot de la bouteille. S'il n'y en avait pas assez, il faudrait en ajouter, mais toujours de celle de bœuf. On bouche ensuite soigneusement avec un bouchon de liége que l'on goudronne par dessus.

On range les bouteilles dans un lieu d'une température égale. Quand on veut faire usage de ce bouillon, on débouche une bouteille, on la met dans l'eau chaude pour rendre la gelée fluide et faire fondre la graisse, et on en verse dans de l'eau bouillante une quantité assez grande pour former un bouillon de bon goût et suffisamment corsé.

Par la Dessiccation.

La dessiccation pour les substances animales n'est pas d'un emploi bien commun en économie domestique. Cela tient peut-être aux soins de l'opération, et ensuite au peu d'occasions qui nécessitent la conservation de la viande pendant un temps très-long. Mais ce procédé serait d'une grande importance pour les approvisionnemens maritimes, et même ceux des armées. C'est aussi vers ce but que tendent tous les efforts de l'industrie; jusqu'alors les résultats, quoique donnant des espérances fondées d'un succès prochain, ne sont pas encore suffisamment satisfaisans. En effet, la difficulté ne paraît pas être de dessécher les viandes pour leur donner une longue durée pour les approvisionnemens des places de guerre; l'expérience n'a pas encore prouvé que ces viandes ainsi traitées fussent d'une conservation assurée pendant un voyage maritime de long cours, et surtout au-delà de la ligne équinoxiale. Pour nous, qui n'avons ni la prétention, ni les moyens de faire des expériences qui puissent résoudre cette difficulté, nous nous bornerons à faire l'application de la dessiccation aux usages domestiques.

Un pharmacien de Bordeaux, nommé Vilaris, trouva en 1769 un procédé pour dessécher les viandes dont il proposa l'acquisition au gouvernement pour une indemnité qui fut refusée, et qui priva le public de la connaissance de ce procédé. Il paraît qu'il avait parfaitement atteint le but, puisqu'un morceau de viande, desséchée par lui et gardée sans précaution pendant dix ans à l'Hôtel-des-Monnaies de Bordeaux, ayant été lavé et cuit dans un pot de terre, a fourni un potage assez bon, s'est trouvé très-mangeable et offrant même presqu'autant de saveur que la viande fraîche. Il est malheureux qu'un tel procédé n'ait pas survécu à son auteur. Toutefois il paraît probable qu'on est parvenu à en trouver un analogue. Voici à peu près en quoi il consiste. Dans une étuve plus ou moins grande, suivant l'opération que l'on veut faire, mais dont l'élévation ne doit être que de cinq pieds, on suspend des pièces de viande désossées, découpées en morceaux de quatre à six livres pesant. Cette viande doit être employée très-fraîche. On prétend qu'elle ne doit pas être soufflée, mais nous n'en concevons pas la raison. Craint-on que l'air qu'introduit le soufflet dans toutes les ramifications des vaisseaux où il peut pénétrer, n'y séjourne et ne devienne ensuite une cause de décomposition ? mais d'abord il n'y a point de doute qu'il ne s'en échappe pendant l'opération de la dessiccation, et que cette crainte par conséquent soit mal fondée. L'avantage qui résulterait, suivant nous, de souffler la viande, est de rendre plus facile l'écoulement des humeurs qui engorgent les petits vaisseaux, de rendre la viande plus légère, plus divisée, plus pénétrable à la chaleur, et conséquemment plus aisée à dessécher.

La chaleur de l'étuve doit être portée à 55 degrés et soutenue à ce point pendant 72 heures, terme nécessaire à l'achèvement de l'opération. Pendant ce temps, une portion de la graisse se fond tant à l'intérieur qu'à l'extérieur, mais la plus grande partie demeure dans le tissu cellulaire dont elle contribue après le refroidissement à boucher les pores. Egalement alors la graisse fondue extérieurement se durcit et forme autour de la chair une espèce de vernis qui concourt à sa conservation. La couleur que prend la viande est la même que celle qu'elle a lorsqu'elle est cuite. Après les 72 heures, on retire la viande et on plonge chaque morceau dans de la gélatine d'os, tenue en fusion par la chaleur. On reporte ensuite chaque morceau à l'étuve, et on l'y laisse jusqu'à entière évaporation de l'humidité de la gélatine. Cette gélatine desséchée autour de la viande y forme un vernis qui concourt à la conserver. La viande ainsi traitée est susceptible de se garder long-temps en l'enfermant dans des tonneaux de bois de sapin et la tenant dans un lieu bien sec.

Quand on veut en faire usage, il suffit de la laver dans de l'eau chaude qui dissout la gélatine qui l'enveloppe. Ensuite on la laisse tremper pendant douze heures dans l'eau destinée à la faire cuire. Après ce temps, on la met sur le feu, et il faut quelques minutes seulement d'ébullition pour achever sa coction. Le bouillon qu'elle produit est égal en consistance et en saveur au bouillon de viande fraîche.

D'après ce qui précède, on concevra aisément que l'application d'un procédé pareil à l'économie domestique, peut avoir lieu sans une grande dépense, en proportionnant l'opération au besoin. Il suffit d'opérer une chaleur de 55 degrés pendant 72 heures, et ensuite de plonger la viande desséchée dans de la gélatine d'os. Sans doute le combustible que l'on consommera pendant l'opération est une dépense, mais elle se trouve compensée par l'économie qu'on obtient sur ce même combustible lorsqu'on fait cuire la viande. Quant à la confection de la gélatine, nous indiquerons à la fin de cet ouvrage les moyens de l'obtenir.

Parmi les poissons, il n'y a guère que le

morue que l'on fasse sécher; cette opération, qui se fait ordinairement à bord des bâtimens pêcheurs, a lieu comme nous allons le dire. Aussitôt qu'elles sont pêchées on leur coupe la tête; on les ouvre et on retire les entrailles et les grandes arêtes. Dans cet état, pour les faire sécher, on les suspend dans un grand courant d'air. Cette morue, ainsi préparée, est celle qu'on trouve dans le commerce sous le nom de morue sèche. On n'a jamais, en économie domestique, besoin de pratiquer une pareille opération.

Tablettes de bouillon. Il est souvent fort utile de pouvoir faire un bouillon promptement. Les occasions se présentent plus communément à la campagne où on ne trouve pas toujours de la viande fraîche à volonté.

On prend quatre livres de pied de veau, douze livres de cuisse de bœuf, dix livres de gigot de mouton et trois livres de rouelle de veau; on met ces viandes dans une quantité d'eau suffisante; on les fait cuire à petit feu, pour que l'eau se charge des sucs de la viande; on écume; et lorsque la viande est suffisamment cuite, on l'exprime fortement. On la fait ensuite bouillir dans une autre eau jusqu'à ce qu'elle soit tout-à-fait purgée de tous les sucs qu'elle peut contenir. On réunit les deux bouillons que l'on laisse refroidir pour en enlever la graisse qui se fige à la surface. On remet le bouillon sur le feu ; on le clarifie avec cinq ou six blancs d'œuf et on le sale à son point. On passe la liqueur dans une étamine ; et on la fait enfin évaporer au bain marie en consistance de pâte très-épaisse. On peut verser cette gelée dans des moules ou sur une table de marbre, et lorsqu'elle est refroidie, on la coupe en tablettes. Ces tablettes sont ensuite portées dans une étuve où on fait évaporer leur humidité jusqu'à ce qu'elles soient sèches et cassantes.

On pense bien qu'on peut ajouter les légumes que l'on met ordinairement dans le bouillon ; on peut même y ajouter de la volaille.

Ces tablettes sont susceptibles de se conserver très-long-temps en les tenant renfermées dans un bocal de verre hermétiquement bouché. Pour faire un bouillon avec ces tabettes, il suffit d'en mettre une dans la valeur d'un verre d'eau que l'on fait chauffer doucement jusqu'au point convenable.

Par l'infumation et la salaison.

L'infumation est encore une espèce de dessication, mais d'un usage plus fréquent en économie domestique. Cependant il est rare qu'on l'emploie seule; c'est le plus ordinairement des substances déjà salées que l'on soumet à ce procédé. C'est pourquoi nous réunissons dans cet article les deux procédés de conservation par l'infumation et la salaison.

Tout le monde sait sans doute qu'on peut toutefois, par l'infumation seule, conserver toute espèce de viande bonne et saine pendant une dixaine de jours. Il suffit pour cela de la dessécher un peu au feu et à la fumée. Cette opération, que l'on appelle *boucaner*, est usitée dans la troupe lorsqu'on y fait des distributions de viande fraîche pour plusieurs jours. Les sauvages eux-mêmes connaissent et emploient souvent ce moyen.

Rien d'aussi facile à faire que les salaisons pour les usages domestiques, et rien d'aussi difficile quand on veut leur donner une grande durée, et les rendre propres à supporter des voyages de long cours.

La qualité du sel que l'on emploie dans les

salaisons est d'une grande importance; car il paraît que c'est à lui qu'est due la réussite de cette opération. Le sel gris, vieux, réduit en poudre, et convenablement séché au four, est celui qu'il faut préférer. Le sel nouveau a une amertume désagréable qu'il perd par son contact avec l'air; cette amertume est due à des sels déliquescens qui se trouvent mêlés au muriate de soude, et qui attirent à eux l'humidité de l'atmosphère, de façon qu'ils se liquéfient et s'écoulent vers la partie inférieure de la masse. Ce sont ces sels déliquescens qui rendent les salaisons difficiles à conserver, en leur occasionant une humidité défavorable. Il est donc essentiel de n'employer que du sel vieux. Si cependant on n'avait pas de moyen de s'en procurer d'autre que du nouveau, voici ce qu'il y aurait à faire. Il faut en former un tas à l'air, l'y laisser exposer deux ou trois jours, et employer celui qui se trouve à la partie supérieure du tas. Ce sel étant ensuite égrugé et séché, fait de bonnes salaisons.

Il y a des pays où l'on ajoute un peu de salpêtre au sel, ailleurs c'est du nitre. L'un et l'autre n'ont d'autres propriétés que de donner à la chair une couleur plus vermeille.

On sait que ce n'est qu'à grande dose que le sel jouit de la vertu antisceptique; il faut donc qu'il y ait toujours dans les salaisons surabondance de sel.

Nous allons indiquer les procédés applicables aux diverses substances.

Porc salé. Lorsqu'il est tué, grillé, raclé, et que toutes les parties du dedans ont été enlevées, on le divise par morceaux; on a un saloir très-propre et que l'on a lavé à l'eau bouillante, dans laquelle on a jeté quelques plantes aromatiques, tels que le laurier, la sauge, le thym. Lorsqu'il est bien sec, on y brûle une ou deux noix muscades; on jette au fond du saloir une couche de sel; on place dessus des morceaux de porc bien serrés les uns contre les autres; on met une nouvelle couche de sel, ensuite des morceaux de porc, et on continue ainsi jusqu'à ce que le saloir soit plein. La dernière couche doit être de sel. On ferme bien le saloir et on le laisse au moins un mois dans cet état.

Quand on veut s'en servir, on retire un morceau, on le met tremper dans l'eau bouillante pour en enlever le sel, on le laisse sécher et on le prépare à volonté.

Pour conserver le lard, on le frotte bien

partout de sel, et on met les morceaux les uns sur les autres, chair contre chair. Il faut au moins une livre de sel pour dix livres de lard. On les arrange sur des planches dans la cave, on remet du sel tout au tour et on pose d'autres planches sur le lard; on le charge de pierres d'un poids assez lourd; on le laisse ainsi pendant trois semaines; ensuite on suspend chaque bande de lard dans un lieu sec et d'une température basse, en ayant soin qu'elles ne se touchent point entre elles ni avec les murs.

Pour saler du lard à l'anglaise, on frotte la flèche de lard des deux côtés avec du sel; on la laisse ainsi vingt-quatre heures. Après ce temps, on essuie le lard et on le frotte avec un mélange de deux parties de sel et une de cassonade, et on le place dans un saloir en mettant dessus et dessous une couche de ce mélange. Il se forme une saumure dont on l'arrose tous les jours pendant quinze à vingt jours. Après ce temps on fait sécher le lard à la fumée, et on le suspend ensuite dans un lieu sec et aéré.

Jambons. On prépare une saumure que l'on compose de sel, de poivre, d'un peu de nitre, d'herbes aromatiques, comme thym, laurier, basilic, baume, marjolaine, sarriette, genièvre, sauge et romarin, et que l'on mouille avec moitié eau et moitié lie de vin. On laisse infuser cette saumure pendant vingt-quatre heures, on la tire ensuite à clair, et on y laisse les jambons pendant quinze jours; on les retire alors, on les essuie, et on les fume comme nous le disons pour le bœuf.

Dans quelques parties de l'Italie, on fait un mélange de nitre et de sel marin, dans la proportion d'une partie de nitre sur onze parties de sel. On sale les jambons avec ce mélange en employant cinq pour cent de leur poids. On les laisse ainsi dans le sel pendant vingt ou trente jours, plus ou moins, selon que l'on s'aperçoit que le sel a bien pénétré. Alors on les suspend dans un séchoir, où on les tient exposés pendant deux mois à la fumée légère et continuelle, produite par la combustion sans flamme des tiges et baies de genièvre.

Ailleurs on frotte le jambon avec cinq ou six gousses d'ail, ensuite on le sale en le frottant encore avec du sel; on le dépose alors dans un baquet, et trois ou quatre jours après on le frotte de nouveau avec du sel; on renouvelle cette opération jusqu'à ce qu'il ait absorbé un dixième de son poids en sel. Trois semaines après, on suspend le jambon à l'air libre et souvent renouvelé, et enfin on l'attache dans la cheminée, en sorte cependant qu'il ne reçoive que l'action de la fumée et se sèche par degrés. Lorsqu'il l'est suffisamment, on le tient dans un lieu sec et fermé.

A Bayonne, on attache le manche des jambons à la noix, on les met en presse entre deux planches chargées de pierres, et on les y laisse au moins vingt quatre heures; on les frotte ensuite de sel auquel on ajoute un douzième de salpêtre, et on les remet de nouveau en presse pendant trois ou quatre jours. On fait une saumure composée de vin, d'eau et de sel, dans laquelle on fait bouillir diverses plantes et graines aromatiques, tels que thym, sauge, laurier, genièvre, basilic, coriandre, anis et poivre; on tire la saumure à clair et on la fait refroidir, on arrange les jambons dans des saloirs en grès, on verse assez de saumure pour qu'ils baignent parfaitement, et on jette encore quelques poignées de sel dans la saumure. On y laisse les jambons environ trois semaines, on les retire, on les fait sécher, et on les expose à la fumée de bois de genièvre et d'herbes aromatiques; quand ils sont suffisamment fumés, on les barbouille de lie de vin, on les fait sécher, et on les conserve sous la cendre.

A Mayence, on fait pour les jambons une saumure composée de quatre livres de sel, une demi-livre de salpêtre, une livre de cassonnade, et une once de calamus aromaticus enfermé dans un nouet; on la fait bouillir pendant une demi-heure, on la laisse refroidir, on la tire à clair, et on y met les jambons qui doivent y rester pendant trois semaines; on les retire, on les fait sécher, et on les fume comme ci-dessus.

On fume de même les langues, le lard, et les andouilles.

Bœuf salé et fumé. On le conserve très-bien en le salant. Pour cela, on désosse les parties que l'on veut saler, et on les place par couches dans un saloir. La manière de saler le bœuf est absolument la même que celle que l'on emploie pour le cochon. Cependant il est bon d'observer que le bœuf étant plus pénétrable que le cochon, prend tout ce qu'on lui donne, ce qui doit engager à ménager le sel davantage. Cette manière de préparer le bœuf est économique, surtout à la campagne où on trouve quelquefois du bœuf à acheter à bon marché.

On a essayé d'injecter de la saumure dans

les veines d'un animal aussitôt qu'il vient d'être tué ; on le coupe ensuite par morceaux et on le met dans de la saumure où il se conserve parfaitement.

Quand on veut le saler et le fumer pour le conserver long-temps, on commence par le dépecer en gros morceaux que l'on désosse et que l'on saupoudre de sel blanc. Deux ou trois jours après, on soumet cette viande à l'effort d'une presse. Cette opération a pour but d'y faire pénétrer le sel, et de rendre la chair plus sèche en faisant écouler la partie aqueuse qui peut s'en séparer. On suspend ensuite ces mêmes morceaux dans une cheminée loin de la flamme, pour que la graisse n'en soit pas fondue, et l'on fait dessous du feu avec du bois vert qui produit beaucoup de fumée. C'est à Hambourg que l'on prépare le meilleur bœuf fumé ; on y emploie du bois de genevrier qui lui communique un parfum aromatique. Il faut le fumer assez légèrement pour qu'il paraisse plutôt fumé que séché. Il acquiert une couleur vermeille et conserve toute sa saveur ; si on le fumait trop, il deviendrait dur, coriace et sans goût. Lorsqu'il est suffisamment fumé, on en remplit des tonneaux de bois blanc en parsemant les lits de feuilles de laurier; on le tasse autant que l'on peut, et on ferme le tonneau le plus hermétiquement possible.

Canards salés. Deux jours après qu'on a tué les canards engraissés, on les fend par la partie inférieure, et on enlève à la fois les cuisses, les ailes, et la chair qui recouvre le croupion et l'estomac. On met le tout avec le cou dans un saloir, et on le laisse pendant quinze jours couvert de sel. Après ce temps, on les coupe en quatre quartiers et on les met dans des pots. On a soin de piquer les quartiers de clous de girofle, et d'y ajouter quelques épices, quelques feuilles de laurier et un peu de nitre pour donner à la chair une belle couleur rouge. On couvre le tout avec de la saumure sur laquelle on verse de l'huile à un bon pouce d'épaisseur.

Poissons salés. Ceux que l'on sale ordinairement sont le hareng, le maquereau, la sardine, les anchois et la morue. Pour saler le hareng, le maquereau et la sardine, on commence par les ouvrir; on en retire les ouïes et les entrailles; on les lave et on les met dans une saumure épaisse où on les laisse douze ou quinze heures. Cette première opération s'appelle, pour les harengs, *brailler.*

On met ensuite ces poissons dans de nouveau sel, après quoi on les caque et les met en barils. Les harengs prennent alors le nom de harengs blancs.

On sale les anchois de la même manière après leur avoir coupé la tête, que l'on dit très-amère, et on les enferme dans des petits barils.

On sale la morue par un procédé analogue à celui que nous venons d'indiquer, et alors elle porte le nom de morue salée. Quelquefois on la fait sécher à moitié, et on la sale ensuite. Cette préparation prend le nom de *morue blanche*.

Harengs saurs. Quand les harengs sont braillés, ainsi que nous venons de le dire, on les enfile par les ouïes dans de petites baguettes, et on les suspend dans des cheminées disposées à cet effet. On fait dessous un feu de bois vert pour qu'il donne beaucoup de fumée. Lorsqu'ils sont suffisamment secs et enfumés, on les retire et on les met en tonneaux.

Huîtres. Il faut ouvrir les huîtres, les débarrasser de leurs écailles et les mettre dans un vase avec leur eau. On les met sur le feu; les huîtres s'y cuisent et se salent à mesure que l'eau s'évapore. On les retire alors et on les fait égoutter sur des clayons. On les boucane ensuite; pour cela on les arrange sur un gril à branches serrées, et on les expose à la fumée du feu qu'on allume dessous. On les retourne, et elles prennent des deux côtés une couleur dorée. Il suffit alors de les tenir dans un lieu sec.

Quand on veut les manger, on les laisse tremper et on les lave dans de l'eau fraîche que l'on renouvelle. Elles perdent leur goût de fumée, et sont très-bonnes et propres pour être accommodées à telles sauces que l'on désire.

Par la concrescibilité par la chaleur.

Toutes les viandes et poissons peuvent être conservés par le procédé Appert. On les fait cuire aux trois quarts dans leur assaisonnement ou sans, et on les soumet dans des vases bien bouchés à la chaleur du bain marie pendant autant de temps qu'il en faut pour achever à peu près leur cuisson. Mais ces préparations, toutes ingénieuses qu'elles sont, ne peuvent être d'une grande utilité pour l'économie domestique, parce qu'on a souvent l'occasion de se procurer de la viande fraîche. Toutefois elles sont précieuses pour les voyages de long cours; et dans d'autres circonstances telles que les approvisionnemens de siége.

Par les corps gras.

Oies en pot. Quand on a des oies suffisamment engraissées, et qui maigriraient si on ne les tuait, on les conserve en pot, crues ou cuites. La première méthode est la plus délicate, mais elle coûte davantage, parce qu'on est obligé d'employer d'autre graisse pour les conserver, au lieu que dans la seconde méthode c'est la graisse de l'oie même qui sert à en conserver les membres.

Quand on veut les conserver cuites, on fait rissoler les quartiers dans une casserole ou un chaudron de cuivre; la graisse se fond, et lorsque les os paraissent et qu'une paille entre dans la chair, l'oie est assez cuite. On arrange les quartiers dans des pots de terre, au fond desquels on met trois ou quatre brins de sarment pour empêcher les quartiers d'y toucher, et que la graisse les enveloppe bien. On a eu soin de couper l'extrémité des os qui dépasse la chair. On verse par dessus de la graisse d'oie de manière à ce que les quartiers soient bien couverts, et quinze jours après on verse sur cette graisse de la graisse de cochon, dont on achève de remplir le pot. On couvre celui-ci d'un papier trempé dans l'eau-de-vie, et par dessus, d'un autre papier imbibé d'huile. De cette manière, on peut conserver cette préparation six mois, sans qu'elle contracte aucun mauvais goût.

Lorsque l'on ne veut pas faire cuire l'oie, on la coupe de même par quartiers; on presse en tous sens chaque morceau contre du sel égrugé grossièrement et bien sec, et on le place dans le pot où on veut le conserver. On remplit celui-ci jusqu'à trois pouces environ du bord, en ayant soin de presser le plus possible les quartiers. Ensuite on achève de remplir le pot, ordinairement avec de la graisse de porc, que l'on fait chauffer seulement pour la rendre fluide, mais non bouillante, et on couvre le pot de la même manière. Cette préparation peut conserver les morceaux d'oies plus long-temps.

On peut conserver les dindons de cette manière et même toutes les espèces d'oiseaux; mais comme ils ne fournissent pas autant de graisse que les oies, il faut employer le saindoux pour les couvrir.

Thon mariné. L'opération consiste à le saler à peu près comme la morue, ce qui a lieu dans les ports de mer, et principalement à Marseille d'où l'on en fait des envois considérables. On ne marine à l'huile d'olive que la chair du ventre qui est la plus délicate, et dans quelques pays celle du dos aussi. Les autres parties sont dépourvues de graisse et n'ont presque aucune saveur. On coupe la chair par morceaux, et on les place dans des petits barils ou des vases en terre ou en verre que l'on remplit d'huile. Le saumon, préalablement vidé et lavé avec soin, peut se conserver parfaitement en le faisant cuire dans de l'eau salée, et le couvrant ensuite d'huile d'olive.

Veau en thon mariné. On prend de la rouelle d'un veau de six semaines, on la coupe par tranches et on la jette dans l'eau bouillante; on ajoute quelques feuilles de laurier et du sel, provenant de la salaison des morues, des harengs, ou de tout autre poisson salé. Quand la viande a trempé deux heures dans cette eau ainsi préparée, on la fait bien égoutter; on la saupoudre de sel égrugé et on la bat avec une batte de bois pour l'y faire pénétrer. On met quelques anchois au fond du vase où on veut la conserver; on range dessus les tranches de veau, et on remplit le bocal de bonne huile.

Le veau ainsi préparé a la couleur et le goût du thon et se conserve parfaitement.

On peut également conserver très-bien les viandes en les immergeant sous l'huile; mais ce moyen est loin d'être économique.

En faisant cuire aux trois quarts, à la broche ou dans une casserole, des volailles et du gibier, et même telle viande que ce soit, on peut les conserver long-temps en les couvrant ensuite de sain-doux.

De la conservation du lait.

Tout le monde sait avec quelle facilité ce fluide s'altère, surtout lorsqu'il fait chaud et par un temps d'orage.

On conseille, pour le conserver, de le faire bouillir; et ce moyen est assez généralement employé, surtout à l'égard de la crême. Effectivement l'ébullition ralentit l'activité des principes fermentescibles, et peut prolonger sa durée; mais ce moyen ne peut être employé que dans un ménage pour le lait que l'on y consomme, et il doit être rejeté pour le lait de vente, parce qu'il le prive de sa saveur douce et de son odeur.

Pour lui conserver les qualités qu'il offre

lorsqu'il est récent, il faut plonger dans l'eau fraîche le vase qui contient le lait, et le couvrir d'un linge mouillé que l'on entretient tel. Il peut se conserver parfaitement ainsi pendant vingt-quatre heures.

On trouve dans le tome XXXI des Annales des Arts et Manufactures, le moyen suivant que nous croyons devoir rapporter : « On coupe par tranches quelques livres de radis sauvages, sur lesquels on verse égal poids d'eau; on met le tout, sur le feu, dans un alambic, et on fait distiller à petit feu de manière que le mélange ne vienne pas à brûler. On tirera, par exemple, de douze livres de radis et de douze livres d'eau, neuf livres d'une eau distillée, qui reviendra à-peu-près à cinq sous la livre.

« Si l'on n'avait point d'ustensiles convenables, on pourrait faire préparer cette eau chez un pharmacien ou un distillateur; il est bon de le faire vers la fin de mars, parce que plus tard les radis perdent de leur force, et coûtent d'ailleurs plus cher. Quand l'eau de radis sauvages a toute sa force, elle a un goût styptique et pique le nez; elle se conserve parfaitement dans des bouteilles bien bouchées.

« Quand on veut garantir le lait de l'influence des orages de l'été, et le conserver frais et doux pendant une semaine, on verse, pour chaque chopine de lait, une cuillerée à bouche d'eau de radis, et on mêle bien. De cette manière, on peut conserver du lait pendant six jours caniculaires, même dans des vases découverts et sur une croisée; tandis que du lait ainsi exposé, sans préparation, serait promptement corrompu.

« Ce procédé n'empêche nullement de séparer la crême du lait.

« Il y a encore, avec l'eau de radis, un grand avantage : c'est que les insectes n'approchent pas du lait; le lait ne reçoit de ce mélange aucun mauvais goût; il est d'abord un peu astringent; mais après quatre ou cinq jours, tout l'acide s'est évaporé, et il n'en reste plus de traces. »

Ce procédé, employé à plus petite dose, en faisant à cet égard quelques expériences d'ailleurs faciles, peut être utilisé pour la conservation du lait dont on fait le commerce.

Lorsque l'on désire conserver long-temps du lait, il faut faire usage du procédé de M. Appert. Il consiste à rapprocher le lait au bain-marie en l'écumant plusieurs fois; lorsqu'il est diminué d'un tiers, on le passe à l'étamine, on le met en bouteilles que l'on bouche hermétiquement, et on le soumet une heure à la chaleur du bain-marie. Nous observerons que l'opération préalable de faire rapprocher et d'écumer le lait au bain-marie, n'est pas indispensable; elle n'a pour but que de concentrer ses principes substantiels, en diminuant la quantité à conserver; mais le lait peut être mis en bouteilles et soumis au bain-marie dans l'état où le donne la vache. Au bout d'un certain temps la crême s'en sépare ; mais lorsqu'on veut faire usage du lait, il faut le soumettre à l'ébullition, qu'il supporte parfaitement, pour que la crême se dissolve dans la masse. Du lait ainsi conservé a été trouvé, après deux ans, propre à tous les usages domestiques, et même à donner du beurre.

On a trouvé aussi le moyen de dessécher du lait. Pour cela on le fait évaporer lentement au bain-marie, en l'écumant souvent pour le débarrasser de la pellicule qui se forme à sa surface, et l'on obtient une poudre blanche que l'on achève de dessécher, et que l'on conserve dans une bouteille hermétiquement fermée. Quand on veut en faire du lait, on fait dissoudre cette poudre dans de l'eau tiède.

De la conservation du beurre.

Lorsque l'on veut conserver le beurre frais pendant quelques jours, le meilleur moyen à employer est de le laver parfaitement dans de l'eau fraîche, afin de le débarrasser complétement du lait de beurre qui tend à le faire rancir. Lorsque le lavage a été assez répété pour que l'eau reste limpide, on tasse le beurre dans un vase que l'on remplit à moitié ou aux trois quarts, et l'on a soin qu'il soit bien tassé afin qu'il ne reste point d'air interposé entre les diverses couches; on y verse dessus de l'eau fraîche dont on le laisse constamment couvert. En le tenant ainsi dans un lieu frais, et ayant soin de renouveler l'eau chaque jour, on peut le conserver parfaitement bon pendant dix ou douze jours.

On peut encore le bien conserver, après toutefois l'avoir délaité, comme nous venons de le dire, en le tenant constamment enveloppé d'un linge blanc de lessive, et trempé dans l'eau fraîche. On doit veiller à ce que ce linge soit toujours humide; l'eau en gonflant son tissu garantit le beurre du contact de l'air, et en s'évaporant le repousse encore, en même temps qu'elle entretient une fraîcheur salutaire.

Lorsqu'il s'agit de conserver le beurre longtemps, il faut le fondre ou le saler.

Beurre fondu. Quand on veut faire fondre du beurre pour la provision, il faut faire choix de beurre très-frais et de première qualité.

On le met dans un chaudron de cuivre jaune proportionné à la quantité qu'on en veut fondre; on fait sous le chaudron un feu clair pour éviter la fumée qui peut communiquer au beurre une odeur désagréable, et on le modère pour ne pas pousser l'opération trop vite. Dès qu'il commence à frémir, il faut le veiller soigneusement. On a soin de l'agiter de temps en temps, pour faciliter l'évaporation de son humidité. Bientôt la matière caséeuse qui s'y trouve interposée, se précipite au fond pour y former le gratin, ou s'élève à la surface comme une écume; on l'enlève à mesure qu'elle paraît. Dès que le gratin commence à se former, il faut ralentir le feu, et redoubler d'attention; car si ce gratin se décomposait par une trop grande chaleur, il pourrait communiquer au beurre un goût âcre désagréable. Bientôt on le verra clair et transparent comme de l'huile; si alors en en jetant quelques gouttes sur le feu, il s'enflamme sans pétiller, c'est une preuve qu'il est à son point; il faut se hâter de le tirer de dessus le feu et achever de l'écumer; on le laisse ensuite reposer quelques instans. Quelques personnes le filtrent à travers un tamis, en le versant dans les pots destinés à le recevoir; mais le plus grand nombre le verse immédiatement dans ces mêmes pots, tant qu'il coule clair. On peut ensuite verser le résidu dans un pot à moitié plein d'eau bouillante; on agite le tout avec un bâton : les matières qui forment le dépôt tombent au fond, et le beurre qui en est débarrassé se fige à la surface par le refroidissement. Ce beurre doit être consommé le premier, à moins qu'on ne veuille le faire fondre de nouveau, pour pouvoir ensuite le verser dans un pot pour le conserver.

Lorsqu'on fait fondre beaucoup de beurre à la fois, on le met dans des pots en terre, que l'on place le soir au four après que le pain en est retiré; le lendemain matin on ôte ces pots, on écume le beurre, et on le transvase dans ceux où on veut le conserver. Cette méthode est moins bonne que la précédente; le beurre n'a pas été soumis à un degré de chaleur suffisant pour dissiper toute son humidité; il est d'ailleurs mal écumé, et se conserve moins long-temps que l'autre.

On fait encore fondre le beurre au bain-marie. Pour cela on le met dans un vase en terre que l'on a eu soin de bien sécher préalablement; on place le vase dans un chaudron plein d'eau, et on fait fondre le beurre. Aussitôt qu'il est fondu, tout le petit-lait qu'il contenait se précipite au fond, et le beurre pur surnage; on le verse alors, avec précaution, dans les pots destinés à le recevoir, et l'on cesse de verser un peu avant que le lait de beurre paraisse; on laisse refroidir ce qui reste, on en sépare ensuite aisément le beurre qui s'est figé, et que l'on consomme le premier. Ce procédé laisse au beurre une saveur et un goût préférables, mais il cause plus de déchet.

Lorsque du beurre est devenu rance, on peut lui enlever sa rancidité en le fondant. Deux procédés sont proposés à cet effet.

Le premier consiste à faire fondre le beurre avec une grande quantité d'eau, et agiter le plus possible le mélange après la fusion du beurre; on laisse ensuite refroidir, on reprend le beurre figé et on le fait fondre de nouveau, mais sans eau et sans le soumettre à une grande chaleur; on le verse enfin dans des pots de grès. On propose encore dans ce cas de le saler.

Le second procédé est infiniment préférable, malgré qu'il cause plus de déchet. On lave long-temps le beurre dans de l'eau fraîche en le pétrissant parfaitement et l'exprimant entre les mains; on le met ensuite dans un chaudron sur le feu, en y mêlant du charbon pilé, on fait fondre et bouillir le tout ensemble, on écume selon le besoin, et lorsqu'il est à son point, on le retire et on le passe au travers d'un tamis pour le débarrasser de la poussière de charbon. Soumis à cette opération, le beurre rance a toutes les qualités du beurre fondu ordinaire.

Les pots dans lesquels on verse le beurre fondu doivent être en grès. S'ils sont neufs, il faut les faire tremper dans l'eau froide pendant vingt-quatre heures, puis les plonger dans une lessive de cendres fines, et les y faire bouillir une heure; on les rince ensuite, et on les fait sécher parfaitement. S'ils ont servi, on les met tremper dans l'eau bouillante pour les bien échauder, on les écure ensuite pour les nettoyer parfaitement, et leur ôter les parcelles d'ancien beurre qui pourraient corrompre le nouveau; on les rince enfin et on les laisse sécher.

On remplit les pots de beurre fondu jusqu'à un pouce du bord, on le couvre d'une couche de sel gris ou blanc, et on ferme hermétiquement le pot pour le garantir du contact de l'air.

Beurre salé. Il faut également faire choix de bon beurre et bien frais. Avant de le saler, il faut le délaiter par des lavages réitérés dans de l'eau fraîche et l'exprimer entre les mains le mieux possible pour le débarrasser de l'humidité. On mouille une table bien unie pour qu'il ne s'y attache pas; on prend deux ou trois livres de beurre, on l'étend avec un rouleau à pâte également mouillé, et on le saupoudre de sel, on reploie le beurre, on l'étend de nouveau avec le rouleau, on le reploie encore, et on continue ainsi en saupoudrant de sel jusqu'à ce que celui-ci ait bien pénétré partout.

On n'est pas encore fixé sur lequel des sels

blanc ou gris doit tomber la préférence ; en Bretagne, le beurre de provision est salé avec le sel gris, le beurre fin seul, destiné à une consommation plus prompte, est salé avec du sel gris purifié et blanchi, et est recouvert d'une couche de sel blanc.

Le sel gris vieux, est parfaitement bon pour cette opération. Le nouveau peut être employé en le disposant comme nous l'avons dit, page 37.

Plus le sel sera fin, plus il s'incorporera facilement au beurre, sans avoir l'inconvénient de le retrouver en cristaux sous la dent, ou de former dans le beurre des interstices capables de le détériorer. Plus il sera sec enfin, plus il s'emparera avidement de l'humidité du beurre, et mieux il se mêlera avec celui-ci.

La dose de sel varie suivant la destination du beurre. Le beurre fin que l'on veut consommer de suite, et qui n'est pas destiné à de longs voyages, est salé légèrement; celui que l'on prépare pour les grands approvisionnemens doit l'être davantage. Toutefois la dose ordinaire paraît être d'une once par livre de beurre salé, et d'une demi-once pour le beurre à demi-sel; mais la plupart des beurrières s'en rapportent plutôt à leur palais.

Lorsqu'on a incorporé le sel dans la quantité de beurre qu'on voulait saler, on en remplit des pots de grès de diverses grandeurs jusqu'à deux pouces du bord, en ayant soin de le fouler fortement. On le laisse reposer pendant quelques jours. Pendant ce temps, le beurre se tasse et laisse entre lui et le pot l'intervalle d'environ une ligne; l'air, en s'introduisant dans cet intervalle, pouvant gâter le beurre, on le remplit avec une saumure faite de sel et d'eau ordinaire. On reconnaît que cette saumure est suffisamment forte, lorsqu'en y plongeant un œuf celui-ci surnage; on la laisse reposer, et on la tire à clair avant de la verser sur le beurre, ce que l'on fait doucement et en agitant un peu le pot, afin qu'elle pénètre bien partout et chasse l'air qui serait nuisible. On cesse de verser la saumure lorsqu'elle couvre le beurre à un pouce d'épaisseur: il est alors parfaitement à l'abri du contact de l'air, et se conserve très-bien d'une année à l'autre. On couvre néanmoins chaque pot avec beaucoup de soin, et on les tient dans un lieu frais et d'une température égale.

ques instans à la vapeur du soufre en combustion. On peut encore les brosser, chercher dans les gerçures pour en faire sortir les insectes, les tremper ensuite dans l'huile, et les envelopper enfin d'un linge qui en soit imbibé. Ce moyen est surtout efficace pour le ciron ; il est moins bon contre le ver sauteur, parce que celui-ci pénètre davantage à l'intérieur du fromage.

Les mites sont le fléau le plus destructeur des fromages à pâte ferme. Elles éclosent sous leur croûte, s'y multiplient à l'infini et causent des pertes considérables. En ayant soin de brosser souvent les fromages avec une vergette, de les essuyer fortement avec un linge ; de laver à l'eau bouillante les tablettes sur lesquelles on les pose, on parvient à s'en débarrasser. On peut cependant encore, après avoir brossé la croûte du fromage, la frotter avec un linge trempé dans une forte saumure; ensuite, lorsqu'elle est sèche, on la frotte de nouveau avec un morceau de laine imbibé d'huile. C'est ainsi qu'on en agit à l'égard du Gruyère.

Si les mites devenaient trop abondantes dans une chambre aux fromages, il faudrait les en ôter tous, et la purifier au moyen d'une fumigation guytonienne composée ainsi :

Muriate de soude ou sel de cuisine pulvérisé.	3 parties.
Oxide noir de manganèse en poudre.	1
Eau.	2 1/2
On mélange bien ces trois substances dans une capsule, ensuite on verse peu à peu acide sulfurique à 66 degrés.	2

On peut ensuite blanchir les murs à l'eau de chaux, laver et racler les tablettes, et y replacer les fromages après les avoir soigneusement nettoyés un à un.

Enfin le charbon, qui, comme on sait, jouit d'une propriété antiputride bien prononcée, peut être employé à la conservation des fromages; mais il est vrai que ce moyen n'est commode que pour en conserver un petit nombre. Il suffit de le piler et d'en couvrir d'une couche épaisse le fromage qu'on veut conserver. On prétend même qu'un fromage trop passé perdrait de sa mauvaise odeur en le traitant ainsi.

Lorsqu'un fromage se gâte, on conseille d'y faire un trou que l'on remplit de craie et que l'on couvre d'une couche de beurre pour la maintenir. Cette craie, en s'emparant de l'humidité du fromage, l'empêche de se gâter.

Comme il suffit, pour conserver les fromages, de les garantir du contact de l'air et des attaques des mouches, l'usage des cloches en verre est très-bon en économie domestique.

Dans l'île de Céphalonie, on conserve sous l'huile les fromages de chèvre. Ce moyen est bon aussi, mais n'est pas possible partout.

De la conservation des œufs.

La conservation des œufs est une chose fort importante. Nous croyons donc devoir indiquer les divers procédés employés pour y parvenir. Ils sont d'un usage journalier tant à la ville qu'à la campagne.

On reconnaît qu'un œuf est frais, si en le plaçant entre l'œil et la lumière, le fluide qu'il contient est clair et transparent; si au contraire il est trouble, c'est une preuve qu'il est vieux et déjà altéré. Si on approche un œuf du feu et qu'il se couvre d'une légère humidité, c'est encore une preuve qu'il est frais.

L'évaporation qui a lieu dans les œufs est considérable, et dépend de la porosité de la coque; il se forme par conséquent à l'intérieur un vide que l'on nomme *couronne*, et qui est d'autant plus grand qu'ils sont plus anciens. C'est encore par ce vide que les marchands d'œufs estiment à très-peu de chose près, à cause de la grande habitude qu'ils en ont, le nombre de jours qui se sont écoulés depuis que l'œuf est pondu. Ce vide est toujours placé au gros bout. Toutefois l'évaporation est plus ou moins considérable pour le même temps, suivant la température du lieu où l'œuf est conservé.

Dans la conservation des œufs, on doit avoir en vue de les garantir de l'humidité, de la chaleur, de l'air et de la gelée. L'humidité en pénétrant la coque fait corrompre la partie du blanc qu'elle atteint; il s'y forme une tache qui se communique bientôt de proche en proche, et l'œuf est perdu. La chaleur accélère une fermentation intérieure, et cause, ainsi que l'air, une évaporation considérable. Enfin, la gelée fêle la coque et désorganise l'intérieur qui se corrompt bientôt. Quand même l'œuf se gèle sans fêlure, il faut l'employer aussitôt le dégel, autrement il est bientôt gâté.

Pour atteindre ce but, les uns mettent les œufs dans un mélange de son et de sel, les autres dans des tas de blé ou de sel; ceux-ci dans de la sciure de bois, ceux-là dans les cendres, sur des lits de paille de seigle bien sèche en les plaçant la pointe en bas, ce qui nous paraît tout-à-fait inutile; enfin le plus grand nombre dans des paniers suspendus dans un endroit ni trop froid, ni trop chaud, en ayant soin de séparer les œufs par des lits de paille bien sèche, et de couvrir le panier. Ce moyen paraît être le meilleur de ceux que nous venons d'indiquer.

En Picardie, ce sont principalement les ouvrières en dentelles qui se chargent de conserver les œufs pour les vendre dans la saison où ils sont rares. Pour cela, elles achètent chez les fermiers des œufs frais pendant les mois d'octobre et de novembre; elles les rangent sur des tablettes placées le long des murs de leur chambre, où ils sont à l'abri du froid. Elles les retournent souvent pour empêcher l'humidité, que pourraient contenir les tablettes, d'altérer les œufs; et tous les huit jours elles les mirent et vendent ceux chez lesquels l'évaporation est plus considérable.

Mais tous ces moyens sont incertains, et ne conservent les œufs qu'imparfaitement. Voici un procédé fort simple et très-efficace : Il consiste à ranger les œufs dans un panier à claire-voie et à anse, tel enfin qu'un panier à salade; on le plonge dans un chaudron rempli d'eau bouillante, et on l'y laisse une minute. Après que les œufs ont été retirés et séchés, on les conserve dans un lieu sec, tempéré et obscur. Dans cette opération, les pores de la coquille ne permettent plus d'évaporation, étant bouchés par la couche de blanc d'œuf que la chaleur a coagulée à l'intérieur. Ces œufs peuvent ainsi se conserver plusieurs mois. Quand on veut les manger à la coque, on les fait réchauffer dans l'eau bouillante, et on retrouve en les ouvrant le fluide laiteux qui caractérise l'œuf frais. Ils sont au reste propres à tous les autres usages alimentaires.

On obtient le même résultat en plongeant les œufs dans un lait de chaux; mais alors les pores de la coquille sont fermés extérieurement par l'enduit qu'y a laissé la chaux. Enfin, on produit le même effet si on enduit bien partout la coquille d'un corps gras qui bouche exactement tous ses pores.

On conserve encore bien les œufs en les enfermant dans un pot en terre que l'on couvre hermétiquement, et dans lequel ils sont stratifiés dans du charbon pulvérisé et bien sec.

Cependant quelle que soit l'efficacité des quatre moyens que nous venons d'indiquer, il nous reste encore à faire quelques observations importantes. Il paraît que les œufs ainsi conservés peuvent se garder long-temps en repos; mais le transport leur est nuisible, et surtout lorsqu'ils sont fécondés. Il faut donc ne les transporter qu'au moment de la vente, parce que le cahot des voitures désorganise les parties intérieures de l'œuf, rompt les petits vaisseaux auxquels le germe est attaché, et celui-ci meurt et corrompt tout ce qui l'environne. Il y aurait donc avantage à ne conserver que des œufs inféconds, et ce qui le prouve, c'est que même à l'état de repos le germe peut mourir dans l'œuf fécondé, quand il est gardé au-delà du terme où il peut être couvé, et qu'il arrive même souvent qu'il meurt par l'effet du tonnerre, ou de toute autre cause. L'expérience démontre qu'un œuf non fécondé peut se conserver bon plusieurs mois sans aucune préparation, et alors seulement il éprouve une perte en poids produite par l'évaporation. Mais si on le soumet à l'un des procédés indiqués page 69, il se conserve long-temps et plein, l'évaporation ne pouvant plus avoir lieu.

Dans tous les cas, quand on ne conserve les œufs que pour la consommation, l'immersion dans l'eau bouillante est le moyen préférable, parce que si l'œuf est fécondé, il tue le germe, comme on le dit vulgairement, et empêche qu'il ne corrompe l'œuf. Mais pour la vente il est préférable de conserver des œufs clairs.

Il est toujours prudent de suspendre les œufs qu'on veut transporter, afin de neutraliser autant que possible l'effet du cahot, et de ne pas garder long-temps ceux qui ont subi le transport.

DE LA CONSERVATION DES SUBSTANCES VÉGÉTALES.

En donnant les procédés qui peuvent conserver les substances végétales, nous n'avons pas l'intention de les passer en revue toutes sans exception ; il en est qui ne présentent sous ce rapport aucun intérêt, et d'autres, telles que les céréales, sont du domaine de l'économie rurale. C'est donc seulement des végétaux plus spécialement consacrés à l'économie domestique dont nous nous occuperons. Nous les considérerons sous deux grandes divisions : les plantes potagères et les fruits.

De la conservation des plantes potagères.

Sous la dénomination de plantes potagères, nous comprenons les légumes, herbages, racines, tubercules, etc., et généralement tous les végétaux que l'on cultive dans nos jardins pour l'usage de la table. Nous réunissons les végétaux analogues, afin de ne pas multiplier inutilement les articles, et donner lieu à des répétitions inutiles.

Par la dessiccation.

Les plantes et racines potagères que l'on veut dessécher doivent être fraîchement cueillies, et à l'époque où chaque espèce se trouve dans la plus grande perfection.

Il ne faut jamais employer des plantes fanées, surtout quand elles sont succulentes, à cause de la fermentation intérieure qui amène toujours un commencement de décomposition.

Il faut les dessécher aussi promptement que possible, et ne jamais les soumettre à une dessiccation lente.

Les plantes et racines succulentes doivent être trempées dans de l'eau bouillante avant d'être exposées sur les claies sur lesquelles on veut les faire sécher. C'est le moyen de leur conserver une grande partie de leur couleur naturelle et de les rendre moins coriaces. On appelle cette opération *blanchir* : c'est en général mettre une substance quelconque dans l'eau bouillante, pour lui faire jeter quelques bouillons, et la tremper immédiatement dans l'eau fraîche.

La dessiccation au soleil serait préférable à

la chaleur artificielle, à cause de l'économie du combustible, si on avait toujours le soleil à sa disposition. Dans les pays du Nord, ce moyen n'est praticable que pendant peu de mois de l'année. Indépendamment de la longueur qu'exige cette espèce de dessiccation, à cause de l'instabilité du temps et des saisons, elle demande encore une surveillance plus active que la dessiccation sur un four. Cette dernière est donc la plus convenable.

C'est une erreur de croire que les végétaux desséchés rapidement au soleil perdent une grande partie de leur essence. La plupart, même les plantes aromatiques, conservent beaucoup plus de leur odeur étant desséchées rapidement que lentement à l'air, ou à un degré de chaleur insuffisant.

Lorsqu'on s'occupe de la dessiccation en grand, il est essentiel que la substance desséchée occupe la moindre place possible.

Pour accélérer la dessiccation des plantes potagères, il est nécessaire de les réduire en tranches ou lames minces. Quand elles sont sèches, et qu'on désire les mettre en paquets, il suffit de les humecter d'un peu d'eau ou de vinaigre, pour leur donner la souplesse nécessaire.

Un petit ménage peut très bien dessécher sa provision au soleil, sur un poële, ou chez le boulanger. Pour travailler en grand, on construira des fours autour desquels on puisse arranger des claies sur lesquelles posent les substances à dessécher.

Légumes. Nous allons indiquer les procédés de dessiccation employés pour les haricots, les pois, les fèves, et les lentilles.

La dessiccation est, pour les haricots en grains, le moyen le plus généralement adopté. Il suffit de récolter les haricots par un temps sec et lorsqu'ils sont bien mûrs, ce que l'on reconnaît aisément à la sécheresse de la cosse; on en fait des bottillons que l'on suspend dans un lieu sec et aéré, afin qu'ils sèchent parfaitement. La meilleure méthode est de les garder dans leur gousse; et lorsque l'on en a besoin, on les bat au fléau pour les en débarrasser. Si on les écosse, on devra de même les tenir dans un grenier sec et aéré, et les remuer de temps en temps en les changeant de place.

C'est le même procédé que l'on emploie pour la conservation des lentilles et des fèves.

On choisit à la fin de l'été la quantité de

haricots verts dont on veut faire provision. On les épluche comme si on voulait les manger de suite, excepté qu'on ne les casse pas en deux. On les met ainsi dans un panier d'osier à claire-voie; en a sur le feu une chaudière pleine d'eau bouillante dans laquelle on plonge le panier avec les haricots, et on les retire lorsqu'ils ont subi deux bouillons.

On les étend alors sur une toile dans un endroit où il y ait un courant d'air, mais à l'ombre; si on les mettait au soleil, ils noirciraient. D'autres les étalent sur des claies qu'ils mettent au four lorsque celui-ci n'est plus que tiède. Dans tous les cas, il faut les retourner de temps en temps jusqu'à ce qu'ils soient parfaitement secs. On en fait alors des chapelets que l'on suspend dans un endroit sec et tempéré; mais il est préférable d'en remplir des sacs de papier.

Lorsque l'on veut se servir de ces haricots, on fait tremper du matin jusqu'au soir, dans de l'eau fraîche, la quantité dont on a besoin, et ils reprennent leur fraîcheur et leur qualité.

Les pois goulus en cosse peuvent être conservés par les mêmes moyens, excepté qu'en les faisant blanchir, on les laissera bouillir cinq ou six minutes.

Pour faire sécher les pois en grains, il faut faire une préparation différente que pour les haricots, parce qu'ils sont, plus que ceux-ci, susceptibles d'être attaqués par le charançon. On les choisit tendres et d'une bonne qualité, on les écosse, on les jette dans l'eau bouillante où on les laisse un instant, on les en retire et on les jette dans l'eau fraîche; on les étend ensuite sur une toile, dans un courant d'air, et à l'ombre, où on les fait sécher le plus promptement possible en les remuant souvent. Quand on veut les faire sécher au four, on les place sur des claies couvertes de feuilles de papier, on leur fait prendre la température du four; on expose alors les claies à l'air, et quand les légumes sont refroidis, on les remet au four et on continue ainsi jusqu'à ce qu'ils soient bien secs. Lorsqu'ils le sont parfaitement, on les renferme dans des sacs de papier. Il est peut-être préférable d'en remplir des bouteilles bien propres et bien sèches, dans chacune desquelles on met un bouquet de sarriette également desséchée.

Quand on veut les manger, on les fait revenir dans l'eau tiède pendant quelques heures, ensuite on les fait cuire dans la même eau.

Le même procédé peut être employé pour les fèves blanches et de marais.

Choux. On peut les conserver frais dans une cave ou un sellier. Ce sont les choux pommés et ceux de Milan que l'on préfère pour cet usage. Il faut les cueillir par un temps tempéré, et qui ne soit ni sec, ni humide. On prépare, dans l'endroit où on veut les mettre, une couche de sable d'une épaisseur telle qu'on puisse y pratiquer une rigole assez profonde pour y placer les choux; on coupe la queue au-dessous des feuilles, et on range les choux dans la rigole de manière à ce qu'ils ne se touchent pas, et soient séparés les uns des autres par un lit de sable épais de deux pouces. On peut ainsi établir plusieurs rangs séparés de la même manière. Il est bon d'observer que la cave ou le sellier doivent être exempts d'humidité, et à l'abri de la gelée.

Si l'on n'avait pas d'endroit convenable pour les disposer ainsi dans le sable, ils se conserveraient également bien en les suspendant au plancher, la racine en l'air, que dans ce cas l'on ne coupe pas. On peut encore les déposer sur des planches dans une chambre sèche. Il faut, dans toutes les circonstances, les garantir de la gelée.

On peut, par ce dernier moyen, conserver bons, pendant deux ou trois mois, les choux-fleurs que l'on récolte en novembre ou décembre, à mesure que les pommes se forment. Pour cela, on coupe les pieds au-dessous de ces mêmes pommes, on les dépouille de toutes leurs feuilles, et on les dépose sur les tablettes d'une serre ou d'une cave sèche et aérée.

On peut également leur appliquer le premier moyen que nous avons donné pour les choux, qui consiste à les conserver dans le sable.

On fait aussi dessécher les choux-fleurs par le procédé que nous indiquerons plus loin pour les culs d'artichauts. Pour cela, on nettoie la pomme de toutes ses feuilles, on ôte les grosses peaux, et on les coupe par tranches de l'épaisseur d'un doigt. On opère ensuite de la même manière que pour les culs d'artichauts.

Cerfeuil et persil. On les conserve parfaitement en les faisant sécher à l'ombre, en les étalant par couche légère sur un linge. Lorsqu'ils sont bien secs, on les renferme dans des sacs de papier. Il faut avant de les faire sécher avoir soin de les éplucher et de les monder de toutes les parties qui ne sont pas saines.

Racines fibreuses. On les conserve le plus ordinairement par la dessiccation ; pour cela on les débarrasse de la totalité de leurs feuilles et de la terre qui y est restée adhérente, et on les range en piles dans une serre ou dans une cave sèche, en les recouvrant de sable sec.

On peut encore les placer dans une fosse faite en terre; on en garnit le fond et les côtés d'une couche de paille sèche, et on les couvre de sable fin et sec, ensuite d'une couche épaisse de paille dont on fait une espèce de toit en dos d'âne, que l'on recouvre encore d'une couche de terre battue. On laisse à cette fosse une ouverture par laquelle on puisse les retirer pour la consommation, et on a soin de fermer cette ouverture de manière qu'elle ne soit accessible ni au froid, ni à l'humidité.

Cette méthode de conservation convient parfaitement à la betterave, à la carotte, aux navets, aux panais, et aux salsifis.

Plantes bulbeuses. Parmi les plantes potagères, les ognons, poireaux, aulx et échalottes, sont d'une conservation assez facile. Lorsque les feuilles sont desséchées, on les arrache de la terre sur laquelle on les laisse plusieurs jours exposés à l'air et au soleil, en ayant soin toutefois de les garantir de la pluie; et lorsqu'ils ont perdu leur humidité surabondante, on en forme des bottillons que l'on suspend dans un endroit sec et aéré où ils achèvent de se dessécher. Ils se conservent très-bien ainsi, surtout si l'on a eu soin de ne former les bottillons qu'avec des ognons bien sains.

Tubercules. Lorsque l'on veut conserver les pommes de terre entières, au moyen de la dessiccation, il faut préalablement et aussitôt qu'elles sont récoltées, les laisser se ressuyer un peu au soleil, ou sur l'aire d'une grange. On a eu soin, avant, de les monder de toutes les racines chevelues et fibreuses qui les réunissent. Cette opération dissipe l'humidité de leur surface et dessèche la terre qui y est adhérente de manière qu'on peut la faire tomber aisément, ce qui est essentiel, parce qu'elle leur ferait contracter un mauvais goût. On sépare les grosses des petites, et on rejette soigneusement celles qui ne sont pas saines, parce qu'une seule gâtée suffit pour corrompre toute la masse.

Dans cet état, on peut les conserver dans un lieu sec à l'abri de l'influence de l'atmosphère, en les rangeant par lits séparés par de la paille et recouverts de même.

On les conserve aussi dans un lieu pareil, en les stratifiant dans du sable, comme nous l'avons dit pour les racines fibreuses, ou enfin dans une fosse disposée de la même manière que pour cette espèce de racines.

Enfin, on peut encore les conserver dans un tonneau, en séparant les lits par des feuilles sèches. Il faut, au surplus, quel que soit le moyen qu'on emploie, veiller à ce qu'elles se trouvent toujours à l'abri de la gelée.

Quand on veut les faire sécher au four, on fait bouillir pendant quelques instans des pommes de terre dans l'eau; on les retire et on les pèle, on les coupe par tranches et on les étale sur des claies garnies de feuilles de papier. Lorsqu'on a retiré le pain du four, on y place ces claies, et on y laisse les pommes de terre jusqu'à ce qu'elles soient suffisamment desséchées. On reconnaît qu'elles sont à ce point lorsqu'elles ont acquis la dureté et la transparence de la corne, qu'elles sonnent en les agitant, et qu'enfin elles se cassent net et offrent dans leur cassure un état vitreux. Ainsi desséchées, il suffit de les renfermer dans un sac et de les tenir dans un endroit sec; elles s'y conservent long-temps. Quand on veut en faire usage, on les met dans un vase, avec un peu d'eau, sur un feu doux, et elles reprennent bientôt leur première forme. Elles sont ainsi susceptibles d'être accommodées suivant les préparations ordinaires, sans qu'on trouve aucune différence dans leur saveur.

On peut, en faisant moudre des pommes de terre ainsi desséchées, obtenir une farine exempte de fermentation tant qu'on la garantira de l'humidité, que l'on peut conserver long-temps en sacs, et qui peut être utilement employée à la nourriture des hommes et des animaux.

Les patates roses étant les plus estimées, sont celles que l'on conserve. Leur conservation exige quelques précautions. On les choisit très-saines; on met dans une caisse un lit de sable fin et sec, pour en couvrir le fond; on range dessus les patates de manière à ce qu'elles ne se touchent pas, on répand ensuite un nouveau lit de sable, et on continue ainsi jusqu'à ce que la caisse soit pleine; on finit par un lit de sable, et on ferme la caisse; on l'enveloppe de paille bien sèche, et on la met dans une seconde caisse, on enterre le tout sous la litière de façon à les garantir de l'humidité, et à leur conserver une température douce et égale.

On conserve très-bien les topinambours en les faisant sécher au four, par le procédé que nous avons indiqué pour les pommes de terre. On réussit encore de même en les traitant comme nous le dirons tout-à-l'heure pour les culs d'artichauts.

Plantes cucurbitacées. Il suffit, pour les conserver, de les laisser, un jour après les avoir cueillies, à l'ardeur du soleil, et de les ranger ensuite sur les planches d'une chambre sèche où elles puissent être à l'abri de la gelée, qui les gâte entièrement. Il faut observer de même qu'elles ne doivent pas se toucher.

Ce procédé convient très-bien aux citrouilles, potirons, courges, et giraumons.

Pour conserver les melons, il faut les enlever de dessus la couche avant qu'ils soient parfaitement mûrs, avec la tige et les feuilles, et les suspendre en l'air au plancher. Les feuilles se dessèchent peu à peu, fournissent pendant un certain temps de la nourriture au melon, qui se conserve ainsi.

On les conserve encore plus long-temps en les enfermant dans une boîte, et les entourant de sable bien sec. Ces melons peuvent ainsi se garder trois mois.

Artichauts. On fait cuire à demi les artichauts, on sépare les feuilles et le foin, et l'on ne réserve que les culs, que l'on jette encore chauds dans de l'eau fraîche; on les retire, et on les fait égoutter, puis on les arrange sur une claie pour les exposer jusqu'à quatre fois au four, après en avoir tiré le pain. Ils deviennent alors durs et transparens comme de la corne, et ne reprennent leur première forme qu'en les faisant suffisamment tremper dans de l'eau tiède avant de les faire cuire.

Quand on n'a pas un four à sa disposition, on réussit de même à les dessécher en les exposant au soleil, après les avoir préparés comme nous venons de le dire, ou en les enfilant avec du fil, pour en former des chapelets que l'on suspend dans un grand courant d'air.

Dans l'un et l'autre cas, il suffit de les conserver dans un lieu sec et tempéré, et mieux encore d'en remplir des sacs de papier dont on colle l'ouverture lorsqu'ils sont pleins, et que l'on place dans une armoire exempte d'humidité. Cette dernière méthode est préférable, en ce qu'elle les garantit de la poussière et du contact trop immédiat de l'air, et qu'elle exige moins de place.

Champignons. On peut très-bien conserver les champignons, morilles et mousserons, en les desséchant. Pour cela on fait un chapelet des petites espèces que l'on conserve entières, et des grosses espèces que l'on coupe par lames, et on les suspend dans un grand courant d'air, mais à l'ombre. Quand ils sont suffisamment desséchés, on les renferme dans des sacs de papier que l'on ferme avec soin, et que l'on suspend ensuite dans un lieu sec et aéré.

Lorsqu'on veut les manger, on les fait revenir dans l'eau tiède en les y laissant tremper quelques heures.

On peut aussi fort bien les conserver en les faisant sécher au four. Il faut préalablement couper le bout de la queue, les nettoyer et les laver; ensuite on les fait blanchir, et on les expose à la chaleur douce d'un four. Une fois secs, on les renferme de même dans des sacs de papier. Les champignons, traités de cette manière, n'ont besoin de tremper qu'une demi-heure dans l'eau tiède, quand on veut les manger.

Les Piémontais arrangent les truffes dans des caisses, par lits, et les stratifient dans du sable fin et sec, pour qu'elles ne se touchent pas. Les caisses une fois pleines sont fermées hermétiquement et lutées. De cette manière, on peut les transporter au loin, ou les conserver long-temps dans un endroit sec et frais.

On les conserve encore en les coupant par tranches, et les traitant ensuite comme nous l'avons dit pour les culs d'artichauts.

Par le sel.

Le sel n'est pas employé seul pour la conservation d'un grand nombre de végétaux. Il l'est plus souvent comme auxiliaire du vinaigre, ainsi que nous le verrons plus loin. Lorsqu'on l'emploie seul, il faut en général ne pas le ménager, autrement la conservation est incertaine; il vaut donc mieux en mettre plus que moins. Nous observerons que l'on peut, à la rigueur, se dispenser de couvrir les diverses saumures composées de sel seul, ou de sel et de vinaigre, de la couche d'huile que nous indiquons partout; mais il faut veiller alors à ce que les saumures soient fortes, et à ce que les plantes potagères y baignent parfaitement. On atteint ce dernier but en chargeant les végétaux d'un carreau de terre cuite, pour les tasser et les empêcher de surnager.

Artichauts. On arrache leur chapeau, et avec une cuiller on ôte le foin, on coupe la tige et le haut des feuilles, et on replace le chapeau; on les met dans cet état dans l'eau bouillante, dont on continue l'ébullition pendant huit ou dix minutes; on les jette ensuite dans l'eau fraîche pour les faire refroidir; on les fait égoutter ensuite en les retournant de temps en temps sur tous les sens; on les arrange enfin dans un vase en grès que l'on remplit de saumure. Cette saumure, que l'on compose de quatre onces de sel par pinte d'eau, doit être préparée de la veille, et tirée à clair quand on s'en sert. Il faut que les artichauts y baignent entièrement, et que l'on recouvre la saumure d'une couche d'huile d'un pouce d'épaisseur. Quelques personnes se servent, pour cette opération, de beurre fondu; mais l'huile est préférable, parce qu'elle bouche mieux et ne cause pas l'embarras de faire refondre le beurre chaque fois que l'on touche aux artichauts. Le vase, parfaitement bien couvert, est placé dans un lieu sec, à l'abri d'une température trop froide, ou trop chaude.

Les artichauts, ainsi préparés, peuvent se conserver d'une année à l'autre, et avoir toujours leur forme, leur saveur et leur couleur. Cependant il est prudent de renouveler une ou deux fois la saumure, et de mettre plutôt excès de sel que trop peu.

Quand on veut manger ces artichauts, on retire de la saumure ceux dont on a besoin, et on les fait dessaler pendant environ deux heures dans l'eau fraîche, que l'on renouvelle deux ou trois fois; on les fait ensuite cuire à l'ordinaire.

Choucroûte. On a fait improprement le mot français choucroûte de l'allemand *saur-kraut*, et de l'anglais *saur-krout*, qui signifient l'un et l'autre chou aigre. On la fait ordinairement avec une petite espèce de choux cabus, dont les feuilles sont très-serrées et blanches, et la pomme bien dure. On les dépouille de toutes les feuilles vertes, et on creuse le pivot avec une gouge pour que la choucroûte soit plus délicate.

Pour réduire les choux en rubans, on se sert d'un instrument nommé *colombe*, qui ressemble à la doloire des tonneliers ; il consiste en une planche qui a à son milieu une ouverture transversale longue et étroite, dans laquelle est placée obliquement une lame d'acier dont le biseau s'élève au-dessus de la planche d'une demi-ligne au moins à une ligne au plus. Il en est que l'on arme de six lames pour aller plus vite ; les taillans des lames ont de douze à dix-huit pouces de longueur. On place les choux mondés et entiers dans une espèce de caisse que l'on tient toujours pleines et qui fait avancer peu à peu les choux qui tombent en tranches minces sous les couteaux. On les ramasse et on les étale sur une toile où l'on les laisse s'essorer un peu.

On se sert d'un tonneau ordinaire pour y déposer la choucroûte. S'il a servi à contenir du vin ou de l'eau-de-vie, il n'en vaut que mieux ; si le tonneau a déjà servi à faire de la choucroûte, il faut le laver une ou deux fois avec de l'eau de chaux bouillante pour lui ôter entièrement son odeur ; de cette manière le même tonneau peut être employé plusieurs années. Il faut de même laver à l'eau de chaux un tonneau neuf. Dans tous les cas, il faut que ces tonneaux soient toujours en bois de chêne. Si l'on se servait d'un tonneau fait exprès, il faudrait qu'il fût légèrement conique, le côté le plus étroit en haut. On place le tonneau debout sur un chantier, dans une cave, à l'abri de la gelée ; le fond supérieur reste ouvert, on l'assemble solidement, et on y adapte une main pour s'en servir comme d'un couvercle. Lorsqu'on ne fait pas la choucroûte en grand, on peut se servir de pots de grès comme ceux qu'on appelle vulgairement *pots à beurre*. La choucroûte y est meilleure.

Pour remplir le tonneau ou les pots à beurre, on s'y prend de la manière suivante. On a du sel bien nettoyé et pilé très-fin, on en fait une couche au fond du vase, par dessus on met une couche de choux en rubans, à laquelle on donne environ dix pouces d'épaisseur. On comprime cette couche à l'aide d'un morceau de chêne de trois pouces d'épaisseur, emmanché solidement d'un manche en bois et dont on se sert comme d'un foulon. On tasse par son moyen la couche de choux

que quand on en prend on ait toujours soin de l'égaliser.

Il faut souvent visiter le tonneau, et si la saumure s'en échappait à travers les douves, il faudrait la remplacer aussitôt et réparer le tonneau. Une choucroûte négligée a une odeur forte qui se rapproche du chou pourri ; mais celle qui est bien faite et bien entretenue exhale un acide agréable. Comme le couvercle ne ferme pas exactement, il faut avoir soin chaque fois que l'on prend de la choucroûte, de mettre sur les bords un torchon mouillé qu'on appuie avec soin contre les parois du tonneau. On a également soin de laver chaque fois ce torchon dans de l'eau fraîche avant de le replacer. On essuie aussi avec un torchon sec les parois du tonneau qui se trouvent à découvert à mesure qu'il se vide.

Quand on veut faire cuire la choucroûte, il faut la bien laver dans l'eau fraîche pour la dessaler, et on y ajoute une petite quantité de vinaigre surard qui augmente son acide et lui donne un parfum agréable.

Chicorée blanche ou frisée. On épluche chaque tête de chicorées que l'on lave parfaitement ; on les fait blanchir pendant une minute, et on les fait égoutter. On les range par lit dans un pot de grès, et on jette une poignée de sel sur chaque lit. On remplit ainsi le pot en comprimant fortement la chicorée et finissant par une couche de sel. On la laisse ainsi s'affaiser pendant deux jours; alors la saumure surnage un peu; on la couvre d'une couche de bonne huile, et on ferme le pot bien exactement. Quand on veut s'en servir, on la lave dans l'eau fraîche pour la dessaler.

On conserve très-bien la laitue par le même procédé, en ajoutant un peu de vinaigre à la saumure.

On prépare ainsi la chicorée vers la mi-septembre.

Concombres. On les pèle, on les coupe en quartiers, on les dépouille de leur graine, et on les met dans une saumure pareille à celle que nous avons indiquée pour les artichauts. Quand on veut les manger, il faut les laver plusieurs fois dans l'eau tiède, afin de les dessaler suffisamment avant de les faire cuire.

Nous allons indiquer maintenant les procédés de conservation où le sel et le vinaigre sont réunis pour obtenir ce résultat.

Par le sel et le vinaigre.

Haricots verts. On les épluche et on les fait blanchir, comme nous l'avons dit pour les haricots verts qu'on veut faire sécher; mais on les laisse bouillir pendant un quart-d'heure; on les fait égoutter, on les range dans des pots en grès, et on verse dessus la saumure que l'on compose d'une pinte d'eau, une pinte de vinaigre blanc, un quarteron de sel, un gros de poivre en grains.

Les haricots doivent être tassés et baigner dans la saumure. A cet effet, on pose dessus un ou deux carreaux de terre cuite pour les empêcher de surnager; on verse ensuite une couche d'huile épaisse d'un pouce.

Quand on veut les manger, on les fait tremper pendant une demi-heure dans l'eau chaude, et on les jette ensuite dans l'eau froide, où ils restent jusqu'au moment de les préparer.

Choux. On peut conserver les choux dans le vinaigre. On en coupe la tête en six ou huit tranches perpendiculaires, on les fait blanchir pendant quelques minutes, on les laisse égoutter, puis on les range dans un pot de manière à ce qu'il y ait le moins de vide possible; on ajoute du sel, du gros poivre, quelques clous de girofle, et quelquefois et suivant les goûts des grains de genièvre; ensuite on remplit de vinaigre très-fort, et que l'on a soin de renouveler une ou deux fois.

Cette méthode de conservation est principalement en usage dans le Forez, à l'égard des choux cabus, et dans beaucoup d'endroits pour les choux rouges.

Il est bon de charger les choux pour les empêcher de surnager, et de boucher le pot, qu'on choisit toujours en grès, avec un parchemin, ou des vessies de cochon ou de bœuf.

On tient les pots dans un lieu sec.

Choux-fleurs. On choisit de beaux choux-fleurs, on les divise en bouquets, on les étale sur un plat, on les saupoudre de sel, on les couvre d'un autre plat, et on les laisse vingt-quatre heures dans cet état pour en extraire l'humidité; on les met ensuite dans un pot de grès, on verse par-dessus du sel et de l'eau bouillante, on couvre le pot. Le lendemain on les retire et on les fait égoutter, on les range enfin dans un bocal, on y ajoute de la muscade, des clous de girofle, et on verse dessus du vinaigre blanc bien fort, jusqu'à ce qu'ils en soient couverts; on bouche soigneusement le bocal.

Ognons. On choisit de très-petits ognons qu'on épluche avec soin, on les jette à mesure dans un bocal plein d'excellent vinaigre blanc, on les sale, on y ajoute de l'estragon et de la passepierre, et on ferme le bocal hermétiquement.

Cornichons. C'est par l'immersion dans le vinaigre qu'on les conserve; mais on observe à cet égard divers procédés que nous sommes obligés de faire connaître.

1. On prend dix livres de cornichons, on les brosse pour les bien nettoyer, et on coupe le bout de la queue; on les met dans un vase de terre avec deux poignées de sel; on les retourne assez pour qu'ils en soient bien imprégnés; on les laisse ainsi reposer pendant vingt-quatre heures; ils jettent une eau qui devient inutile et qu'il faut ôter. Quand les cornichons ont égoutté quelques instans, on les remet dans le même vase, et on y jette du vinaigre blanc bouillant en quantité suffisante pour qu'ils y baignent; on couvre le vase avec soin, et après vingt-quatre heures ils auront pris une couleur jaune; on retire alors le vinaigre, que l'on met dans un chau-

dron, sur un feu très-vif; lorsqu'il bout, on y jette les cornichons, et aussitôt qu'ils commencent à bouillir, on les remue également; ils reprennent bientôt leur couleur; cinq minutes d'ébullition suffisent; on les retire du chaudron, et on les laisse refroidir.

On les range dans les vases où ils doivent rester, et on les couvre d'assaisonnement, comme passepierre, estragon, piment, petits ognons et ail; on remplit les vases de vinaigre de manière que les cornichons et l'assaisonnement baignent, on les couvre avec soin, et au bout de huit jours ils seront suffisamment confits.

2. On choisit des cornichons longs de deux pouces au plus, on coupe la queue, on les frotte l'un après l'autre avec un torchon; on met ensuite, dans un autre torchon, une livre de sel égrugé pour un cent de cornichons; on les frotte suffisamment dans ce sel, pour qu'ils en prennent également partout; on met le sel et les cornichons dans un chaudron, on verse dessus assez de vinaigre blanc de première qualité pour qu'ils surnagent un peu; on pose le vinaigre sur le feu, on remue avec une écumoire de cuivre rouge non étamée, jusqu'à ce que le vinaigre soit prêt à bouillir;

on met au fond d'un pot de grès une poignée d'estragon épluché, deux feuilles de laurier, trois gousses d'ail, six gousses de piment encore vert; on verse dessus le vinaigre et les cornichons; on laisse le pot ouvert jusqu'au lendemain; alors on décante le vinaigre, et on le remplace par d'autre, froid et de même qualité. On bouche le pot avec du parchemin mouillé.

3. On choisit de même les cornichons, on les dépouille de leur duvet, en les frottant les uns contre les autres dans un linge blanc; on les fait blanchir pendant deux minutes, on les fait égoutter sur un linge blanc, et on les arrange dans le vase qui doit les recevoir; on y mêle un peu d'estragon, du laurier franc, deux poivres longs, ou pimens par cent de cornichons, quelques petits ognons blancs, une gousse ou deux d'ail, et du sel: la proportion est d'environ une once par pinte. On fait bouillir, dans un chaudron de cuivre, de fort vinaigre blanc, et on le jette sur les cornichons. Deux jours après on reprend le même vinaigre, on le fait bouillir de nouveau, et on le remet sur les cornichons. On renouvelle cette opération trois ou quatre fois. Elle a pour but de débarrasser le vinaigre de leau

de végétation qu'abandonnent les cornichons.

4. Voici enfin le procédé le plus simple, et qui nous paraît préférable. On choisit les cornichons petits et verts, on leur coupe la queue, et on les brosse, ou on les frotte un à un avec un gros torchon; on les met dans un linge blanc, et on les saupoudre de sel égrugé fin, avec lequel on les secoue pendant quelques instans, pour qu'ils en prennent tous; on accroche le linge qui contient les cornichons ainsi salés, et on les laisse dans cet état jusqu'au lendemain; alors on les range dans un vase, on y mêle les assaisonnemens indiqués, tels qu'estragon, piment, ognons blancs, laurier et ail, et on verse à froid dessus le meilleur vinaigre blanc qu'on puisse se procurer; on couvre le vase avec une planche. Un mois après, on goûte les cornichons et le vinaigre. Si les premiers sont suffisamment acides, et que le vinaigre ait encore assez de force, on bouche le vase hermétiquement; mais si le vinaigre est trop affaibli, il faut le remplacer par un autre, ce qui est surtout essentiel quand on se propose de les conserver long-temps. Les cornichons faits ainsi, sont verts, fermes et sains.

Nous devons faire ici quelques observations qui nous paraissent fondées. D'abord, nous reprocherons aux procédés nos. 2 et 3, l'emploi de vases en cuivre pour l'ébullition du vinaigre; et certes, la couleur verte des cornichons, dont on fait tant d'éloge, est due en grande partie à une petite portion d'acétate de cuivre, ou vert de gris, qui se forme pendant cette opération. Peut-être n'a-t-on jamais remarqué les mauvais effets de ces préparations, parce que l'on mange les cornichons en petite quantité. Nous pensons donc qu'on doit, pour la préparation des cornichons, rejetter soigneusement l'emploi des ustensiles de cuivre, et il vaut mieux avoir des cornichons d'un vert un peu moins foncé, et pouvoir les manger avec toute sécurité.

On se sert généralement de vases en grès pour y tenir les cornichons; cependant les pots en faïence et les bocaux en verre sont infiniment préférables, parce qu'ils conservent beaucoup mieux le vinaigre. Par exemple, quand on se sert de vinaigre bouillant, on ne peut employer les bocaux en verre; il faut attendre, pour y déposer les cornichons, que le vinaigre soit refroidi.

Nous dirons encore que les cornichons bouillis dans le vinaigre sont moins fermes que ceux que l'on fait à froid.

Artichauts. On conserve les culs d'artichauts de la manière suivante : On les fait bouillir dans de l'eau, jusqu'à ce qu'on puisse en détacher les feuilles ; alors on les enlève, ainsi que le foin ; on a soin de ne pas entamer les culs d'artichauts avec le couteau, ce qui les ferait noircir. Dans cet état, on les met pendant une heure dans de l'eau fortement salée ; on les retire, et on les laisse sécher sur un linge ; ensuite on en remplit les bocaux ; on y ajoute un peu de muscade et quelques clous de girofle, et on verse dessus un mélange de deux parties de vinaigre et une d'eau ; on couvre d'une couche d'huile, et on ferme hermétiquement les bocaux.

Asperges. On coupe proprement le gros bout des asperges, on les fait blanchir, on les arrange dans des vases en faïence, ou des bocaux en verre, (le grès ne vaut rien pour cet usage) ; on verse ensuite dessus une saumure, composée dans les proportions suivantes :

Une pinte d'eau, une pinte de vinaigre blanc, un quarteron de sel, un gros de poivre en grains.

Les asperges doivent baigner dans cette saumure, que l'on recouvre d'une couche d'huile.

Quand on veut les manger, on les fait dessaler dans de l'eau chaude, et ensuite dans de l'eau fraîche, où on les laisse jusqu'à ce qu'on veuille les préparer,

Champignons. On essuie les champignons, auxquels on a coupé la queue, avec une flanelle, ou un linge imprégné de sel; on les jette dans un mélange d'eau et de lait, on les fait égoutter sur un linge; quand ils sont secs, on les met dans un bocal; on fait bouillir ce qu'il faut de vinaigre blanc pour remplir le bocal; on y ajoute du poivre, de la muscade, quelques clous de girofle, et une forte poignée de sel; on verse le vinaigre bouillant sur les champignons, on couvre aussitôt le bocal provisoirement, et aussitôt refroidis, on verse dessus une couche d'huile, et on bouche aussi hermétiquement que possible.

Les diverses espèces de champignons comestibles se conservent bien par ce procédé; mais elles perdent leur parfum, dont le vinaigre se charge.

Par la concrescibilité par la chaleur.

Nous avons suffisamment expliqué, aux principes généraux, page 7 et suiv., ce qui est le plus essentiel à observer dans l'exécution du procédé Appert. Nous n'avons donc ici qu'à en faire l'application aux diverses plantes potagères pour lesquelles il convient de l'employer.

Artichauts. On les conserve entiers, ou coupés par quartiers. Quand on les laisse entiers, on les choisit de moyenne grosseur; on les épluche, on les fait blanchir à l'eau bouillante, on les égoutte, et on les arrange dans les vases; on expose enfin ceux-ci, après les avoir bien bouchés, pendant une heure au bain-marie.

Si on les coupe par quartiers, il ne faut qu'une demi-heure au bain-marie. On peut, dans ce dernier cas, les passer au beurre avant de les mettre dans les vases.

On peut enfin ne conserver que les culs d'artichauts, que l'on blanchit également; on les fait revenir dans le beurre, on les range dans les vases, et on les laisse ainsi une demi-heure au bain-marie.

5*

Asperges. On les nettoie, comme nous l'avons dit, page 103; on peut les laisser entières, ou les couper comme quand on veut les faire cuire aux petits pois. Dans l'un et l'autre cas, on les fait blanchir. Quand elles sont suffisamment égouttées, on en remplit les vases, en les y plaçant la tête en bas, si elles sont entières, ou en les entassant, si elles sont coupées, et on expose les vases au bain-marie pendant une minute seulement.

Betteraves. On les conserve sans assaisonnement, ou après les avoir assaisonnées pour en faire usage dans cet état en les sortant du vase. Dans le premier cas, on les fait blanchir et cuire à moitié dans l'eau avec un peu de sel; quand elles sont égouttées et refroidies, on les met dans les vases que l'on soumet pendant une heure à la chaleur du bain-marie. Lorsqu'on les a assaisonnées comme pour les manger de suite, on les fait cuire aux trois quarts, on les laisse refroidir, et on les soumet un quart-d'heure seulement à la chaleur du bain-marie.

Cardons d'Espagne. On les conserve comme les betteraves, excepté qu'on ne les laisse qu'une demi-heure au bain-marie, lorsqu'ils n'ont été que blanchis, et huit ou dix minutes seulement, quand on les met dans les vases tout assaisonnés.

Carottes. Comme les betteraves.

Céleri. Comme le cardon d'Espagne.

Champignons. On fait choix de champignons, sains et fraîchement cueillis; on les épluche et on les lave; on les met ensuite dans une casserole, sur le feu, avec un morceau de beurre frais; on les y fait bien revenir; on les retire, on les laisse refroidir, puis on en remplit un vase, que l'on expose un quart-d'heure à la chaleur du bain-marie.

Chicorée blanche, *ou frisée*. On la prépare comme si on voulait l'accommoder de suite, on la blanchit, on l'égoutte, on la hache, et on en remplit les vases que l'on soumet un quart-d'heure au bain-marie.

Choux. On les conserve de la même manière que les betteraves, et en les laissant le même temps au bain-marie.

Choux-fleurs. On les épluche et on les blanchit, et après qu'ils ont été bien égouttés, on les tasse dans les vases que l'on expose pendant une demi-heure au bain-marie.

Epinards. On les conserve en les préparant comme la chicorée.

Fèves de marais. Lorsqu'elles sont petites,

on leur laisse leur robe, et on a soin de les mettre dans le vase où on veut les conserver, à mesure qu'on les écosse, pour que leur peau ne brunisse pas. On doit encore, pour la même raison, avoir soin de plonger les vases dans l'eau fraîche avant de les boucher; on ajoute un petit bouquet de sariette, et après avoir bouché, on les expose pendant une heure à la chaleur du bain-marie.

Si les fèves sont grosses, on les dépouille de leur robe, et on en remplit les vases, que l'on expose une heure et demie à la chaleur du bain-marie.

Haricots en grains. Il faut, aussitôt qu'ils sont écossés, les mettre dans le vase dans lequel on veut les conserver, et les soumettre à la chaleur du bain-marie pendant une heure, ou une heure et demie, suivant qu'ils sont plus ou moins gros. Il faut avoir soin de bien boucher, (*voyez* page 10,) et conserver dans un lieu frais.

Haricots verts. On les conserve de la même manière, en ayant soin de les bien tasser dans les vases.

Navets. On peut les conserver comme les betteraves.

Ognons. On les conserve par le même procédé que les betteraves, mais en ne les laissant qu'une demi-heure au bain-marie.

Oseille. On l'épluche en ôtant les côtes, on la met dans un vase en terre pour la faire cuire, en ayant soin de la remuer souvent, pour qu'elle ne s'attache pas; quand elle commence à s'épaissir, on la sale et on la goûte. Si elle paraît suffisamment cuite, on en remplit des pots de grès, en la tassant bien, et on la couvre d'une couche d'huile d'un pouce, lorsqu'elle est refroidie. Si, dans cet état, on voit de l'eau surnager, c'est un indice qu'elle n'est pas assez cuite. Il faut alors la remettre sur le feu, autrement elle se gâterait. Il faut aussi bien couvrir les pots, et les tenir dans un lieu frais. Il est préférable d'employer à cet usage des pots de la contenance de deux à trois livres, afin qu'après être entamés, ils restent moins long-temps en vidange.

Quelques personnes, pour tempérer l'acidité de l'oseille, y mettent du pourpier, de la poirée, du persil et du cerfeuil. Il faut que ces diverses plantes soient épluchées avec soin, et hachées, et qu'on les mette cuire un peu avant l'oseille, parce qu'il leur faut plus de temps qu'à cette dernière.

Le procédé Appert convient parfaitement

à la conservation de ce genre d'herbages. Il faut faire cuire l'oseille, comme nous venons de le dire; lorsqu'elle est refroidie, on en remplit des vases, que l'on bouche bien, et on les soumet un quart-d'heure à la chaleur du bain-marie. De l'oseille ainsi préparée, peut se conserver tout le temps que l'on veut.

Panais. On les conserve comme les betteraves.

Petits pois. Les pois en grains et en cosses peuvent très-bien être conservés par le procédé de M. Appert. Il faut choisir les petits pois moyens, parce que, trop fins, ils se fondraient pendant l'opération. On en remplit les vases, dans lesquels on les tasse, en frappant le vase sur une table, et on les soumet pendant une heure et demie à la chaleur du bain-marie.

Il faut le même temps pour les pois en cosses.

Pommes de terre. Le procédé d'Appert est loin d'être le plus économique; aussi ne le donnons-nous que pour compléter cet article.

Quand on les fait cuire avant de les mettre dans les vases, c'est toujours à la vapeur qu'on doit le faire; on les pèle ensuite, et on les expose au bain-marie pendant une minute ou deux.

Si on les met dans les vases avant de les faire cuire, on les pèle; et on les expose pendant une demi-heure au bain-marie.

Tomates. On les coupe en morceaux et on les jette dans une bassine, sous laquelle on fait un feu vif. Quand elles sont bien fondues, on les passe au tamis, ou on les exprime dans un linge; on remet sur le feu ce qu'on a exprimé; on fait réduire jusqu'à consistance sirupeuse; on en remplit enfin des bouteilles, que l'on tient au bain-marie pendant un quart-d'heure.

Topinambours. On les conserve comme les culs d'artichauts.

Truffes. On choisit, pour les conserver, des truffes noires, saines, et nouvellement recueillies; on les brosse, et on les pèle légèrement; on les met ensuite dans un vase, les petites entières, et les grosses coupées en morceaux; on bouche soigneusement, et on les laisse ainsi exposées une heure à la chaleur du bain-marie. Autrement, on les fait cuire à moitié, dans du vin blanc, et on les laisse seulement une demi heure au bain marie.

Nous ferons ici une observation générale :

c'est que le temps que nous indiquons, pour laisser chaque substance au bain-marie, se compte du moment où celui-ci entre en ébullition. Il est encore bon de remarquer que lorsque l'année a été très-humide, les légumes sont plus tendres, et par conséquent plus sensibles à l'action de la chaleur. Il faut donc, dans ce cas, abréger de cinq minutes le temps de l'ébullition. Il faut, au contraire, le prolonger de cinq minutes dans les années de grande sécheresse.

Par les corps gras.

L'emploi des corps gras, pour la conservation des substances végétales, n'a pas lieu fréquemment. D'abord, ce moyen est cher, surtout dans les pays où l'huile est rare; aussi n'est-ce guère que pour les truffes que l'on s'en sert. On confit cependant quelquefois dans l'huile des champignons préalablement nettoyés, blanchis et séchés; mais indépendamment que nous avons donné à leur égard d'autres procédés plus économiques, les champignons traités ainsi perdent leur parfum.

Quant aux truffes, voici comme on les conserve en Provence, et dans tous les pays où l'huile est commune. On les choisit saines et fraîches; on les lave, on les brosse, on les pèle légèrement, et on les fait cuire un quart-d'heure dans du vin blanc ; on les laisse égoutter, et on les renferme dans un bocal de verre, que l'on remplit d'huile d'olives; on bouche parfaitement, et on lutte le bouchon.

Malgré les soins que l'on apporte à l'exécution de ce procédé, les truffes perdent beaucoup de leur parfum au bout de quelque temps.

DE LA CONSERVATION DES FRUITS.

Par la dessiccation.

Il y a, pour la conservation des fruits, deux sortes de dessiccation : la dessiccation naturelle, et la dessiccation par la chaleur.

Dessiccation naturelle. Il faut que le fruitier ait une température toujours égale, soit exempt d'humidité, et ne reçoive l'air extérieur que lorsque l'on le veut. Une pièce plus basse que le sol, ou une cave bien sèche est le lieu qui convient le mieux. Cependant toute chambre réunissant les conditions indiquées, de n'être ni froide, ni humide, ni éventée, peut remplir le même but. La température la plus favorable est celle qui se maintient entre cinq et dix degrés ; l'exposition est celle du midi, ou du levant. Les fenêtres doivent être fermées par un double vitrage, et la porte garnie d'un tambour, afin d'empêcher les courans d'air en entrant et en sortant. Il est utile de boiser partout la pièce qu'on a choisie pour la rendre plus sèche. On la garnit de tablettes larges de deux pieds, distantes d'un, et inclinées, vers le devant, d'environ trois pouces, ce qui facilite la visite des fruits. Elles ont pardevant un rebord destiné à les retenir. Les uns couvrent ces tablettes de papier, d'autres avec de la paille. La mousse bien sèche, mise assez épaisse pour que le fruit ne touche pas au bois, nous paraît être ce qu'il y a de mieux.

Quelquefois on garnit le fruitier d'armoires, dans lesquelles on renferme les fruits; d'autres établissent des tiroirs, ce qui est préférable, surtout pour l'hiver, parce qu'ils garantissent mieux les fruits de la gelée. Cependant, ces deux dispositions ne présentent pas de résultats plus favorables que les tablettes. Enfin, La Bretonnerie conseille de placer, au milieu du fruitier, une échelle double, dont on garnit les échelons avec des tablettes à rebord. Le seul avantage que présente cette disposition, est de mieux garantir les fruits de l'humidité, en les éloignant des murs.

Avant de placer les fruits sur les tablettes, on conseille de les disposer sur des tables où on les laisse suer pendant une huitaine de jours. Rosier désapprouve cette précaution, et pense qu'il suffit de laisser exposés au soleil, pendant la journée, les fruits que l'on a cueillis le matin. Nous regardons ce procédé comme meilleur; et dans tous les cas, nous recommandons de manier les fruits le moins possible. Il est également essentiel de ne placer, sur les tablettes, que des fruits sains, et de mettre à part ceux qui sont tachés ou meurtris. On place les poires sur l'œil, et les pommes sur la queue, en ayant soin de les isoler suffisamment pour qu'ils ne se touchent pas.

Aussitôt que le fruitier est garni, on peut, si le temps est beau et l'air sec, laisser les fenêtres ouvertes; mais une fois qu'on les a fermées, il ne faut les rouvrir qu'à de longs intervalles, pour renouveler l'air du fruitier qui se vicie, et peut devenir dangereux. Mais on ne doit le faire que par un temps doux, et lorsque l'air extérieur est exempt d'humidité, et les laisser peu d'instans ouvertes. Il faut souvent visiter le fruitier, et enlever soigneusement les fruits qui se gâtent; un seul pouvant de proche en proche corrompre tous ceux qui l'environnent.

Pendant les grands froids, il faut veiller à garantir les fruits de la gelée, en garnissant de paillassons les fenêtres et la porte. On peut aussi les couvrir d'une couche de paille et de mousse. Cependant, si le froid était très-rigoureux, il serait nécessaire de tenir, pendant sa durée, un peu de feu dans le fruitier, au moyen d'un petit poële; mais il faut encore veiller, dans ce cas, à ne jamais élever la température au-dessus du degré que nous avons indiqué.

Il faut encore avoir soin de les garantir des attaques des rats et des souris. Il suffit, pour y parvenir, que le fruitier soit bien fermé, et n'ait ni trous, ni crevasses, par où ces animaux rongeurs puissent s'introduire. Si l'on conserve les fruits dans une cave, il est prudent alors de les placer sur des planches suspendues sous la voûte par des mains de fer.

Quand on veut conserver quelques beaux fruits, comme une belle poire, une belle pomme, on a soin, en coupant la queue avec des ciseaux, de la laisser la plus longue possible ; on met de la cire d'Espagne sur le bout coupé ; on fait un cornet, dont l'ouverture est en bas; on y fait entrer le fruit, que l'on attache par la queue avec une ficelle qui ressort par la pointe du cornet; on ferme celui ci le plus hermétiquement possible, en collant l'ouverture et la pointe, et on le suspend à un clou. Quelquefois on se contente de les envelopper de papier Joseph, et de les serrer dans une armoire, ou sur des tablettes. C'est ainsi que l'on en agit pour les oranges et quelques citrons, que l'on cueille verts, et qui mûrissent sur les tablettes. En général, tout moyen est bon, pourvu qu'il les préserve des changemens de température, et surtout du froid, de l'humidité et du contact de l'air.

Tous les fruits dont la maturité s'achève hors de l'arbre sont ceux qui se conservent le mieux au fruitier. Ceux qu'on y place mûrs s'y conservent moins long-temps. Il faudrait pour cela les garantir complètement de l'influence de l'air, de la chaleur et de la lumière qui produisent la maturité. C'est ce qui engage quelques personnes à renfermer ces fruits dans des pots, des bocaux, ou des boîtes en bois, en les stratifiant de son, de cendres de sarment, et mieux encore de sable fin et sec; on bouche ensuite hermétiquement le vaisseau.

Parmi les fruits que l'on conserve au fruitier, le raisin est celui qui exige le plus de soins et de précautions. Lorsque la saison a été favorable, il suffit de l'y renfermer et de le tenir à l'abri de l'air et de l'humidité. Avant de le mettre en place, il faut qu'il soit bien ressuyé au soleil, et mondé des grains gâtés, et même de ceux qui ne sont que flétris. Cette précaution a encore l'avantage d'éclaircir les grappes et de rendre la conservation plus certaine. Il est même prudent, quand les grappes sont trop serrées, de les dégarnir, même aux dépens des grains qui seraient sains. Dans cet état, il est des personnes qui se contentent de le déposer sur des tablettes garnies de feuilles de papier collées, ou de fougères débarrassées de leurs grosses côtes; d'autres suspendent deux grappes réunies par un fil à une corde tendue, et mieux à des perches qui, ne pliant pas, empêchent les grappes de se rapprocher, et de se toucher; mais ces deux moyens laissent le raisin exposé à l'air et à la poussière. La méthode préférable est celle de renfermer chaque grappe mondée des grains gâtés, et suffisamment dégarnie, dans un sac de papier; on y attache un fil du côté opposé à la queue, on ferme le sac de papier sur ce fil, que l'on suspend à un clou, ou sur des perches disposées convenablement.

Quelquefois on met de la cire à cacheter sur les queues coupées des grappes. Ce soin nous paraît ici surabondant.

D'autres cueillent le raisin qu'ils veulent conserver environ huit jours avant sa maturité. Elles le rangent dans un tonneau qu'elles remplissent de cendres, ou de sable. Il faut que les cendres, ou le sable, soient très-fins et très-secs. Elles ferment ensuite le tonneau hermétiquement, et le placent dans un endroit sec. Ce procédé a le double but de garantir le raisin de l'humidité et du contact de l'air atmosphérique. Lorsque l'on veut le manger, on le tire du tonneau, on le lave dans de l'eau fraîche, on coupe la queue de la grappe, et on la trempe dans un peu de vin pour lui faire reprendre sa fraîcheur.

Dans cette dernière méthode, on a le désavantage de ne pouvoir visiter souvent les grappes, ce qui cependant est nécessaire. Pour éviter cet inconvénient, on suspend le raisin dans des barriques garnies dans l'intérieur d'une lame de plomb, et on le stratifie avec de la graine de millet bien sec.

Enfin, on conserve quelquefois le raisin sur les ceps mêmes, en mettant chaque grappe dans un sac de crin, ou de canevas; ceux de papier ne doivent pas être employés, parce qu'ils ne peuvent les garantir de la piqûre des oiseaux. Il faut commencer par nettoyer les grappes qu'on veut conserver ainsi, et éclaircir celles qui sont trop serrées. Le lendemain, après que la rosée est dissipée, on met chaque grappe dans un sac, que l'on ferme sur la queue, à l'aide d'un fil qui garnit son embouchure. Si le raisin est parfaitement mûr, on tord la grappe légèrement; sinon on attend quelques jours pour cette opération. On met ainsi les raisins en sacs par un beau jour du mois d'octobre, un peu plus tôt, ou un peu plus tard, suivant la précocité de la saison. On cueille, quand on veut, le raisin ainsi disposé; alors, on le visite, on le nettoie, et on le place au fruitier, après l'avoir remis dans son sac.

Les amandes, noix et noisettes, se conservent dans leur coque. On les étend sur les planches d'un grenier, à l'air libre, et elles s'y dessèchent lentement. Il faut toutefois avoir soin, pendant les premiers temps, de les remuer souvent, autrement elles rancissent.

Pour conserver les marrons et châtaignes, on attend, pour les récolter, qu'ils tombent eux-mêmes de l'arbre par l'effet de la maturité. Assez ordinairement le hérisson, qui les enveloppe, se brise en tombant; on les ramasse, on sépare ceux qui n'ont plus de hérisson de ceux qui l'ont conservé; on les étend sousdes hangards où il existe un courant d'air, en ayant soin de ne pas faire les couches trop épaisses, et de les retourner de temps en temps. On les garde ainsi environ deux mois; on enlève ensuite le hérisson à ceux qui l'ont encore conservé, et on les expose pendant sept ou huit jours au soleil; ensuite on les conserve dans un endroit sec. Dans les pays où l'on en fait une récolte considérable, on les sèche au moyen de la fumée que l'on fait circuler au travers des claies sur lesquelles on les étend.

Dessiccation par la chaleur. Les fruits, en général, pourraient être tous soumis à ce procédé de conservation; cependant on l'applique le plus souvent aux pommes, poires, prunes, cerises, raisins, abricots et pêches.

Dans les pays chauds, la dessiccation peut être obtenue par l'exposition pendant un temps suffisant à l'ardeur du soleil; mais plus généralement on a recours à la chaleur d'un four. Dans quelques circonstances également, la dessiccation n'est pas employée seule; mais on ajoute un peu de sucre pour aider à la conservation des fruits.

Quel que soit le fruit que l'on veuille soumettre à ce procédé, il faut le choisir sain. On pèle les poires et les pommes, et on monde le raisin des grains gâtés.

Pommes. Toutes les pommes peuvent être séchées; cependant ce sont celles de fenouillet qui font les meilleures pommes tapées; on les pèle, et on enlève le cœur avec une spatule creuse, afin de les conserver entières; puis on les traite comme nous allons le dire pour les poires tapées. Cependant on peut les sécher et les aplatir, sans les tremper dans un sirop comme les poires.

Poires. Celles que l'on emploie particulièrement à faire sécher, sont les poires de Colmar et de Bezery, le Rousselet, le Beurré, le Beurré d'Angleterre, le Doyenné, le Messire-Jean, et le Martin-Sec. On les cueille par un jour serein et un peu avant leur maturité; on leur conserve la queue; on les fait cuire dans un chaudron d'eau bouillante jusqu'à ce qu'elles fléchissent sous le doigt; on les retire et on les fait égoutter; alors on les pèle, et on les range sur un plat, la queue en haut. Dans cet état, elles rendent un sirop que l'on emploie comme nous le dirons plus loin. On les range de nouveau sur des claies, que l'on porte au four dès qu'on en a retiré le pain, ou que l'on a chauffé au même degré; on les y laisse douze heures, on les retire, on les aplatit un peu avec la paume de la main, et on les trempe dans le sirop précédent un peu édulcoré avec du sucre, et que l'on peut aromatiser à volonté avec un peu de canelle et de girofle; quelquefois aussi on y ajoute un peu d'eau-de-vie. Dans cet état, on les remet au four, mais moins chaud que la première fois, et on réitère trois fois la même opération, c'est-à-dire qu'il faut les tremper deux fois dans le sirop, et les exposer trois fois au four. A la dernière, on les laisse assez de temps pour qu'elles puissent sécher convenablement ; on reconnaît qu'elles le sont à point, quand leur couleur est celle de café clair, et que leur chair est ferme et transparente. Après qu'elles sont refroidies, on les renferme dans des boîtes garnies de papier blanc, deux rangs l'un sur l'autre, puis une feuille de papier, encore deux rangs de poires, et ainsi de suite. On conserve dans un lieu sec.

On prépare encore les poires différemment : on les pèle d'abord, et on en conserve la pelure ; on les fait ensuite blanchir dans l'eau bouillante, et si on peut, on leur fait prendre un bouillon, pourvu qu'elles ne s'amollissent pas trop ; on conserve aussi cette eau. On range les poires sur des claies, que l'on met au four, chauffé comme ci-dessus, pendant trois jours consécutifs ; alors on aplatit les poires avec la paume de la main, on les plonge dans le sirop dont nous allons parler, et on les remet une quatrième fois au four, en les y laissant assez long-temps pour qu'elles soient suffisamment sèches.

Pour faire ce sirop, on jette dans l'eau qui

a servi au blanchiment des poires, les pelures que l'on a conservées et que l'on a pilées dans un mortier, pour en faire une sorte de pâte; on fait bouillir, on passe au tamis, on presse le marc, et on fait réduire jusqu'à consistance de sirop.

Pruneaux. La dessiccation des prunes ne doit pas être complète; il ne faut leur enlever que l'eau de végétation surabondante qui s'opposerait à leur conservation; mais point assez pour qu'elles ne conservent pas un peu de mollesse.

Dans les contrées méridionales, on les fait sécher au soleil. Nous allons indiquer le procédé employé à Digne et environs, où se fait principalement la préparation des pruneaux.

L'impériale, le damas, la prune monsieur, et surtout le perdrigon violet, sont presque les seules variétés employées à cette opération. Les prunes doivent être cueillies très-mûres, depuis dix heures du matin jusqu'à sept heures environ du soir, afin de conserver la fleur qu'elles perdraient, si la cueillette se faisait avant que le soleil eût absorbé la rosée et l'humidité.

La récolte étant faite, on met environ trois kilogrammes de prunes dans un panier; on le plonge dans l'eau bouillante, et on l'y tient jusqu'à ce que l'eau reprenne le bouillon; on retire alors le panier, et on le soutient sur deux bâtons placés au-dessus du chaudron, pour que les prunes soient frappées de la vapeur de l'eau bouillante. Quelques instans après, on suspend le panier à un endroit quelconque, et on l'agite sans relâche jusqu'à ce que les fruits soient refroidis, ce qui fait reparaître la fleur; on place ensuite les pruneaux sur des claies, dans des chambres, ou sous des hangards ouverts de toutes parts, afin qu'ils sèchent promptement. A défaut de bâtimens, ou d'endroits couverts, on peut les faire sécher à l'ombre. Il faut avoir soin que les claies ne touchent point terre, et qu'elles soient disposées de manière que les fruits aient de l'air par dessous; on les expose ensuite au soleil pendant quelques jours, jusqu'à ce qu'ils soient secs à point: on les met après dans des corbeilles qu'on renferme en lieu sec et frais. Mais comme la température ne permet pas partout l'emploi de ce moyen, nous allons en indiquer un fort simple, et qui est conseillé par madame Adanson, dans son ouvrage qui a pour titre: *la Maison de Campagne*, tome II, page 107.

« Prenez de belles prunes de Sainte-Catherine, mûres, et point véreuses; arrangez-les une à une sur des claies, et mettez-les au four à la sortie du pain; laissez-les jusqu'à ce que l'on le chauffe de nouveau, et avant de les y remettre, retournez-les une à une; récidivez trois ou quatre fois, suivant que vous voyez qu'elles sont plus ou moins séchées. L'habitude seule vous apprendra le degré convenable. Lorsque vous les jugez suffisamment faites, étalez-les pendant quelque temps dans un lieu sec et aéré; ensuite arrangez-les, couche par couche, dans des boîtes garnies de papier blanc; mettez aussi quelques feuilles de laurier parmi. Si vous ne faites pas de pain chez vous, et que vous chauffiez le four exprès pour vos pruneaux, ne le faites que tous les trois jours, et que la chaleur soit très-douce. »

Cerises. Dans les pays chauds, on fait dessécher les cerises en les exposant seulement au soleil, sur des claies à claire-voie; quelquefois même on les laisse se dessécher sur l'arbre sans éprouver d'altération. Pour les faire sécher au four, il faut qu'il n'ait, de chaleur, que quarante degrés, de Réaumur. On range sur les claies un seul lit de cerises, et on les introduit dans le four; quand elles sont à moitié cuites, on les retire et on les expose à l'air; huit ou dix heures après, on les remet au four pour en achever la dessiccation; il est quelquefois nécessaire de les y remettre une troisième fois. On les conserve dans des boîtes de sapin, comme les pruneaux.

Raisin. En Espagne et en Portugal, on trempe les grappes de raisins mûrs dans une lessive bouillante faite avec les cendres du sarment; on les retire aussitôt, on les étend sur des claies, et on les laisse sécher au soleil.

En Italie, on fait cette lessive avec des cendres de bois; le procédé, du reste, est le même. Les Provençaux opèrent comme en Italie: à Montpellier, on attache deux grappes ensemble par un fil; on les plonge dans de l'eau bouillante à laquelle on a mêlé un peu d'huile, et on les y laisse jusqu'à ce que les grains se rident et se fanent; on place les grappes sur des perches pour les faire sécher, et trois ou quatre jours après on les expose au soleil.

Mais dans le climat de Paris, où la chaleur du soleil ne serait pas suffisante, il faut faire sécher le raisin au four.

Les meilleures espèces, pour cet usage, sont la viganne, le chasselas, le coq, et le sucrin. On étend, sur une claie, le raisin grappe à grappe; on le met au four chauffé entre trente et quarante degrés, et on l'y laisse trente-six heures; on le retire, on l'expose au soleil, ou dans un endroit sec et aéré, et on le remet ensuite au four, et successivement jusqu'à trois fois. Si l'on veut que la dessiccation en soit plus prompte, il faut le tremper dans l'eau bouillante avant de le mettre au four. Pour le conserver, quand il est bien sec, on le met dans des boîtes de sapin bien fermées, en le saupoudrant légèrement de sucre, et le couvrant de quelques feuilles de laurier.

Abricots et pêches. On cueille ces fruits bien mûrs, on les sépare en deux pour ôter le noyau, et on les met au four sur des claies. Seulement, quand les pêches sont à moitié sèches, on les aplatit avant de les remettre au four, afin que la dessiccation en soit plus égale. Il faut aussi les y mettre jusqu'à trois fois.

Par la concrescibilité par la chaleur.

Le procédé Appert est aussi applicable à la conservation des fruits. Il consiste à les mettre dans des bouteilles, ou bocaux, à les boucher parfaitement, comme nous l'avons indiqué, et à ranger ces vases dans un chaudron plein d'eau, que l'on soumet à l'ébullition.

Les groseilles, cerises, framboises, mûres, et cassis, doivent être cueillis avant leur parfaite maturité. On égrappe les groseilles et le cassis; on coupe la queue aux cerises, comme pour les confire à l'eau-de-vie; on les met séparément dans les vases, que l'on range dans le bain-marie; aussitôt que celui-ci a jeté un bouillon, on le retire du feu, et on le laisse refroidir.

Les abricots, pêches et prunes, se conservent de la même manière. On les choisit mûrs et fermes, et on les fend en deux pour en retirer le noyau.

On pèle et on coupe les poires en quartiers, on enlève les pepins; si ce sont des poires à couteau, on les laisse dans le bain-marie le même temps que les groseilles; si ce sont des poires à cuire, on laisse bouillir cinq minutes; si ce sont des poires tombées, un quart-d'heure. Les coings sont disposés de la même manière; mais leur bain-marie doit bouillir une demi-heure.

On conserve très-bien ainsi les marrons et châtaignes; on les pique avec la pointe d'un couteau, comme pour les faire griller, et l'on fait bouillir une minute le bain-marie, dans lequel on a plongé les vases qui les contiennent.

Les sucs des fruits mis en bouteilles, et soumis pendant un quart-d'heure à l'ébullition du bain-marie, peuvent être conservés très long-temps. En y ajoutant du sucre, au moment de s'en servir, ils peuvent ainsi remplacer les sirops, et n'obligent pas à faire à la fois toute la dépense nécessaire pour sucrer la masse de sirop.

La pulpe des fruits, recueillie après avoir été écrasée sur un tamis, se conserve par le même procédé.

On peut, à volonté, sucrer ou non les fruits que l'on conserve ainsi.

La cuisson des fruits, sans sucre, est encore un moyen de conservation très-économique, et que l'on peut employer partout, et à l'égard de la presque totalité des fruits. Tous ces végétaux, en général, contiennent plus ou moins de principe sucré, que la coction développe en évaporant l'eau de végétation dans laquelle il est noyé, et l'amène au point de pouvoir servir de condiment au résidu de l'opération. Nous ne donnerons point ici l'application de ce procédé aux diverses espèces de fruits. Nous allons indiquer sommairement les principes généraux qui en font la base, et que chacun peut ensuite facilement appliquer à telle espèce de fruits qu'il jugera convenable, et nous nous bornerons à la manière de faire le raisiné, afin de poser un point de comparaison.

Il faut, quel que soit le fruit qu'on veut conserver ainsi, le choisir bien mûr, l'éplucher soigneusement, et le débarrasser de toutes les parties gâtées qu'il pourrait contenir; on le soumet ensuite, dans le vase destiné à le faire cuire, à une chaleur douce, que l'on maintient ainsi jusqu'à ce que le suc se soit défféqué, et qu'il n'y ait plus de risques de faire brûler. On ranime alors le feu, et on procède à la cuisson, en agitant souvent pour que le fruit ne s'attache pas au fond du vase. La cuisson n'est parfaite qu'autant, qu'après le refroidissement; on ne voit point d'eau venir à la surface. S'il en était ainsi, il faudrait faire recuire de nouveau jusqu'à ce que toute cette eau soit évaporée. On fait ainsi des marmelades de pommes, de poires, de prunes, de cerises, d'abricots, de pêches, etc., qui, cuites à point, sont agréables, et se conservent bien en couvrant les pots avec soin et les tenant dans un lieu sec.

Quand on opère seulement sur le suc des fruits, comme pour faire de la gelée de pommes, par exemple, il faut préalablement écraser les fruits, et en exprimer le jus à l'aide d'un pressoir, et faire ensuite réduire ce moût jusqu'à consistance de sirop, ou de gelée, suivant ce qu'on se propose de faire. On peut ainsi faire du vin cuit et du sirop de raisin.

On voit, par ce que nous venons de dire, que ces préparations sont fort simples, et que tout dépend du degré de cuisson. Voyons maintenant comment on fait le raisiné.

Raisiné. En général, on fait le raisiné en faisant bouillir le moût des raisins les plus sucrés, bien mûrs, choisis, égrappés et exprimés. Pour le rendre plus agréable, on y met cuire, ou des poires pelées, coupées par quartiers et épepinées, telles que le messire-jean, le martin-sec, le catillac et le grossin, ou d'autres fruits, tels que les coings, les pommes et les prunes. On peut l'aromatiser, en mettant, dans le raisiné en ébullition, un nouet de canelle et de girofle concassés, ou en y mêlant des zestes de citron. Dans quelques endroits, on fait aussi entrer dans le raisiné la racine de carotte, et les côtes de melon et de potiron. Enfin, dans le midi de l'Italie, on ajoute, pour mieux le conserver, et lorsqu'il est cuit, quelques cuillerées d'eau-de-vie. Dans tous les cas, les fruits que l'on ajoute au raisiné doivent ne former que le tiers du moût de raisin. Il faut avoir soin, pendant la cuisson, d'écumer de temps en temps, et de remuer soigneusement le raisiné, afin de l'empêcher de s'attacher, parce qu'alors il prend un goût de brûlé désagréable. L'essentiel est d'arrêter la cuisson à son point, parce qu'en deçà le raisiné ne se conserve pas, et au-delà il n'a plus une saveur aussi agréable. On connaît qu'il est cuit à point, lorsque sa couleur est d'un brun légèrement foncé, et qu'en en laissant tomber un peu sur une assiette il ne s'affaisse pas trop, et qu'il ne se forme pas autour une espèce d'auréole aqueuse.

Le raisiné, en vieillissant, se candit, ou se liquéfie. Dans le premier cas, on le remet sur le feu, avec un peu de moût, pour le faire décandir; et dans le second cas, on le fait recuire tel qu'il est, pour évaporer l'eau qu'il contient.

On peut faire de même du raisiné, en remplaçant le moût de raisin par du jus des pommes et des poires écrasées sous le moulin, ou pour mieux dire, par du cidre, ou du poiré doux.

Par la concrescibilité par le froid.

Ce que la chaleur opère sur les substances que l'on y soumet, le froid, par une action opposée, l'opère de même. Ainsi, si l'on possède une glacière, on peut conserver, par son moyen, toute espèce de fruits.

Le procédé consiste à en remplir des pots de grès, dans lesquels on les sépare par des lits de mousse, et on place ces pots renversés, c'est-à-dire l'ouverture en bas, sur une couche épaisse de paille que l'on dispose au fond de la glacière; mais cependant à une hauteur telle que l'eau qui s'écoule de la glace ou de la neige, dont on remplit la glacière, ne puisse s'élever jusqu'aux fruits; on remplit ensuite la glacière de neige ou de glace, et on est assuré de retrouver les fruits parfaitement conservés.

Par le sucre.

La conservation des fruits, par le sucre, est celle qui donne lieu aux nombreuses préparations de l'art du confiseur. Nous n'avons pas l'intention de les indiquer toutes; il nous suffira de poser qu lques principes généraux.

Nous avons vu que les fruits soumis à la chaleur du bain-marie, en vase clos, se conservent très-bien sans sucre. Nous avons dit également que la cuisson de ces mêmes fruits, poussée à un point suffisant pour en développer la saccharification, était aussi un moyen de les conserver quelque temps. En y ajoutant du sucre, on les conserve encore plus sûrement, et on les rend d'autant plus agréables et plus parfumés, qu'on n'est pas obligé de pousser la cuisson aussi loin.

Les fruits, conservés au moyen du sucre, forment différens composés, qui reçoivent des noms divers en raison de l'état des fruits dans ces composés. Ainsi, on obtient des sirops, des gelées, des confitures, des marmelades, des pâtes et des conserves.

Mais avant de dire ce que sont ces préparations, indiquons sommairement le procédé à employer pour clarifier et faire cuire le sucre, base de ces préparations.

Il est préférable, sous le rapport de l'économie et de la bonne qualité des préparations, de n'employer que du beau sucre. La cassonade a le désavantage d'éprouver un grand déchet et d'être très-difficile à clarifier.

Pour clarifier le sucre, on prépare une eau blanche avec des blancs d'œufs battus dans la proportion d'un blanc d'œuf et d'un demi-litre d'eau par chaque kilogramme de sucre. On met les blancs d'œufs et leurs coquilles cassées dans une poële à confiture; on y verse l'eau peu à peu, en fouettant avec une verge d'osier. Quand le mélange est bien fait et bien mousseux, on y jette le sucre concassé, on met la poële sur le feu, et on remue le mélange pour que le sucre ne s'attache pas; aussitôt qu'il bout, on enlève l'écume; bientôt le sucre monte; pour empêcher qu'il ne se répande, on l'abat en y versant un peu d'eau froide. C'est toujours au moment qu'il s'abat qu'il faut écumer; quand il est bien clarifié, il cesse de monter, et ne fait plus qu'une petite écume blanchâtre; on le retire du feu, et on le passe à la chausse, ou on le verse sur une serviette mouillée légèrement, et étendue sur une terrine.

Quand il est ainsi clarifié, on le fait cuire au degré convenable à la préparation qu'on se propose de faire; on agite, pendant la cuite, avec une cuillère, en laissant tomber le sirop de haut. Lorsqu'il s'étale en nappe, ou en forme de toile mince, il est cuit *à la plume;* s'il ne forme la nappe qu'imparfaitement, il n'est cuit qu'*à la petite plume*, ou *au perlé.* Cette dénomination lui vient, de ce qu'en secouant la cuillère chargée de sirop, celui-ci s'échappe en forme de barbe de plume, ou en dégoutte comme des perles; si on secoue celles-ci au-dessus d'un verre d'eau, elles doivent se précipiter au fond en globules solides et cassans. Lorsqu'on poursuit la cuisson, le sucre produit mieux tous ces effets, et on le dit cuit à *la grande plume.* Comme alors toute l'eau qu'il contenait s'est évaporée, si on continuait à le laisser sur le feu, il roussirait et prendrait le nom de *caramel.*

Des sirops. Après avoir fait dissoudre du sucre dans l'eau, l'avoir écumé et clarifié, et l'avoir fait cuire jusqu'à ce que le liquide ait une certaine consistance, et que versé de haut, il coule lentement sans rejaillir, on a du sirop de sucre.

Si, au lieu d'eau pure, on emploie, pour dissoudre le sucre, une eau chargée de principes quelconques, ou le suc d'un fruit, on a un sirop qui prend le nom de la substancee employée. Il résulte de là que la préparation des sirops a pour objet de conserver l'odeur, la saveur, et quelqufois la couleur des fruits.

Mais ces préparations étant plutôt des moyens d'employer les fruits que de les conserver, nous ne nous y arrêterons pas davantage.

Des gelées. On les prépare avec le suc des fruits, cuit avec au moins moitié de son poids en sucre. Elles doivent avoir, étant refroidies, la consistance d'une colle tremblante, conserver de la transparence, ainsi que le goût et la couleur des fruits.

Gelée de groseilles. On prend la quantité que l'on juge à propos de groseilles égrappées; on les met, dans une bassine bien récurée, sur un feu doux; le suc en découle; on les égoutte sur un tamis, et on exprime le résidu dans un linge fort; on remet le suc de groseilles dans la bassine, avec moitié de son poids en sucre blanc concassé. Si on veut donner plus d'agrément à la gelée de groseilles, on y mêle un sixième de framboises; on fait évaporer le tout en consistance de gelée, ce qu'on reconnaît en en laissant refroidir quelques gouttes sur une assiette; ensuite on remplit les pots, que l'on couvre après refroidissement.

On fait de même la gelée de cerises et de prunes de reine-claude; mais sans y ajouter de framboises.

Gelée de framboises. On fait cuire celles-ci dans du sucre blanc, qui se fond dans le suc des framboises, et on passe la gelée au travers d'un tamis de crin.

Gelée de coings. On enlève le duvet des coings; on les divise en quatre; on les épepine; on les fait cuire dans assez d'eau pour former une gelée rougeâtre transparente; on passe au tamis, et on exprime le résidu dans un linge fort; on remet le jus sur le feu; on ajoute le sucre, dont le poids doit être égal aux trois quarts de celui du fruit; on clarifie avec des blancs d'œufs, et on évapore en consistance de gelée.

Pour avoir du cotignac sec, on fait dessécher cette gelée à l'étuve.

On prépare de même les gelées de poires, de pommes, etc.

Des confitures. Ce sont des préparations de fruits entiers, ou par morceaux, cuits plus ou moins avec moitié et quelquefois les trois quarts de leur poids en sucre. Il n'y a point d'économie à ménager le sucre, parce qu'alors il faut faire cuire davantage, et que les confitures sont sujettes à se gâter, et sont d'ailleurs moins agréables.

Confiture de cerises. On ôte la queue et le noyau aux cerises acides; on verse dessus un sirop de sucre cuit à la petite plume et bouillant, jusqu'à concurrence de moitié du poids du fruit. Le suc s'écoule des cerises dans le sirop, que l'on reprend vingt-quatre heures après pour le recuire; on le verse de nouveau sur les cerises; on répète enfin une troisième fois cette opération; ensuite, on met en pots.

On fait de même les confitures à l'épine-vinette, au verjus et au raisin muscat, après qu'on a épepiné ces fruits.

Pour confire les groseilles entières, on les

roule dans du sucre blanc réduit en poudre fine; on les expose à une douce chaleur au bain-marie, et lorsque le sucre s'est fondu dans le suc du fruit, la confiture est faite.

Pour faire des confitures de poires de messire-jean, on pèle ces fruits, on les coupe par quartiers, et on ôte les cœurs. On met les pelures et les cœurs dans une bassine, avec de l'eau, à laquelle on ajoute peu de sucre, et on forme un sirop que l'on filtre à travers un linge; on le remet sur le feu, dans la bassine; on y ajoute les quartiers de fruits, et lorsqu'ils ont pris une belle couleur rousse, on les retire et on les met en pots. Il faut un feu doux, et agiter doucement, pour conserver les quartiers entiers.

On fait, de la même manière, des confitures de coings; mais il faut composer le sirop, dans lequel on fait cuire les quartiers de coings, d'eau et de trois quarts de sucre par livre de fruits.

On confit entiers presque tous les fruits, au sucre, de la manière suivante :

On trempe, pendant quelques heures, les pêches, les abricots, les prunes, et en général tous les fruits succulens, dans une eau un peu séléniteuse, c'est-à-dire qui contient du sulfate de chaux, ou dans laquelle on a fait dissoudre un peu d'alun. Lorsqu'ils sont bien égouttés, on verse dessus du sirop de sucre cuit à la plume, et à demi-refroidi; le suc des fruits s'y mêle; on reprend le sirop, on le cuit de nouveau à la plume, et on le verse une seconde fois sur les fruits; on répète même cette opération une troisième fois pour les gros fruits entiers; ensuite on les retire et on les laisse égoutter. Ces fruits, traités ainsi, forment des confitures sèches.

On confit de même les cerneaux, les marrons, les écorces d'oranges et de citrons, etc.

Des marmelades. Les marmelades tiennent le milieu entre les gelées et les confitures; elles diffèrent des premières en ce qu'elles ne contiennent pas seulement le suc des fruits, mais encore la pulpe; et des secondes, en ce que les fruits n'y sont pas entiers, mais réduits en une bouillie épaisse.

Marmelade d'abricots. On ouvre les abricots pour en tirer le noyau; on pèse le fruit, et on y ajoute moitié de son poids en sucre blanc concassé. On met le tout sur le feu, on remue sans cesse; le sucre se fond dans le suc du fruit, et lorsque le mélange forme un sirop épais, on le retire du feu, on y ajoute les amandes des noyaux que l'on a soigneusement mondées ; on les mêle bien dans la marmelade, et on remplit les pots ; lorsque la marmelade est refroidie, on recouvre soigneusement les pots.

On fait de même les marmelades de cerises, de prunes de reine-claude, de mirabelle, de pêches, etc. ; mais on n'y ajoute pas les noyaux.

Quant aux marmelades de pommes, de poires et de coings, il faut peler les fruits, les couper par quartiers, en ôter les cœurs, et faire cuire avec un peu d'eau et du sucre, dont le poids doit être égal à la moitié de celui du fruit.

Pour couvrir les pots dans lesquels on met les gelées, les confitures et les marmelades, on coupe en rond, de la grandeur des pots, un papier auquel on laisse une oreille pour le retirer plus facilement ; on trempe ce rond dans l'eau-de-vie, on l'applique immédiatement sur la confiture, et on recouvre d'un papier double, que l'on ficelle.

Des pâtes. Les pâtes de fruits ne sont autre chose que des marmelades, que l'on amène, par la dessiccation au four, ou à l'étuve, à un état plus consistant, tout en leur conservant cependant une certaine mollesse. Ainsi, on peut les préparer comme les marmelades. Quand elles sont cuites à ce point, on les met sécher à l'étuve, ou au four, dans des moules, ou sur du papier blanc; on les y laisse plus ou moins de temps, suivant le degré de chaleur; on les retire, on les saupoudre de sucre, et on les conserve par lits, séparés d'une feuille de papier.

Si on veut obtenir des pâtes plus transparentes, on commence par faire cuire la marmelade, on la passe ensuite au travers d'un linge, et on remet ce que l'on a exprimé sur le feu, avec moitié de son poids en gomme arabique fondue dans l'eau et passée, et la quantité de sucre indiquée pour les marmelades; mais cette dernière méthode est moins économique.

On fait aussi des pâtes d'abricots, de prunes, de cerises, de framboises, de coings, de poires, de pommes, de verjus, etc.

Des Conserves. Les conserves ne sont autre chose que ces mêmes pâtes, beaucoup plus cuites, et avec une plus grande quantité de sucre. On les coule dans des moules plats, ou le plus souvent dans des caisses de papier en couches de trois à quatre lignes d'épaisseur;

on trace, avant le refroidissement, avec la pointe d'un couteau, des raies assez profondes à la surface; et lorsque la conserve est complétement refroidie, on la divise en tablettes en la cassant dans les raies qu'on a formées.

Par les spiritueux.

Tous les fruits sont susceptibles de se conserver en les immergeant dans l'eau-de-vie; mais lorsque l'on emploie ce moyen, on n'a pas seulement pour but leur conservation, on veut encore leur donner la saveur la plus agréable: c'est pourquoi l'on ajoute du sucre.

Le procédé le plus simple de ces préparations consiste à choisir, avant leur maturité complète, des fruits parfaitement sains. On raccourcit la queue des cerises; on fait macérer, pendant quelques heures, dans une eau séléniteuse, ou alumineuse, les abricots, les pêches, les prunes, les cerises, et les poires que l'on pèle ensuite, afin de les raffermir et de détruire la mucosité de leur épiderme; ensuite, on les range dans un bocal que l'on remplit d'eau-de-vie à 22 degrés au moins, et on ajoute, en sucre, à-peu-près le sixième du poids de l'eau-de-vie, c'est-à-dire environ un kilogramme par six litres.

Dans les préparations domestiques, au lieu de faire macérer le fruit dans une eau chargée d'une dissolution d'alun, on le fait blanchir. Quant à l'emploi du sucre, ordinairement on en fait un sirop. Nous allons indiquer quelques-unes de ces préparations.

Abricots à l'eau-de-vie. On prend deux douzaines d'abricots; on les essuie proprement, avec un linge, pour ôter leur duvet; on les passe un à un dans l'eau bouillante; ils vont d'abord au fond, et remontent presque aussitôt; on les retire alors et on les jette dans l'eau fraîche.

On les fait ensuite égoutter sur un tamis; on prépare un sirop composé de trois livres de sucre et d'assez d'eau pour baigner les abricots; on le fait clarifier; on y jette les abricots bien égouttés, et on les retourne avec l'écumoire. Dès que l'on s'aperçoit que le fruit s'amollit, on le retire de dessus le feu, et on arrange les abricots sur un tamis, pour les faire égoutter.

Pendant ce temps, on remet le sirop sur le feu; s'il devient trouble, on le clarifie de nouveau avec des blancs d'œufs; on lui fait faire trois ou quatre bouillons, et on le verse tout bouillant sur les abricots qu'on a disposés dans une terrine.

On laisse le fruit tremper ainsi vingt-quatre heures; on le retire du bouillon, que l'on fait bouillir de nouveau, et que l'on reverse encore sur les abricots; on laisse ensuite reposer vingt-quatre heures; enfin, on met le fruit et le sirop ensemble sur le feu, et lorsqu'ils ont jeté quatre ou cinq bouillons, on les retire et on laisse refroidir à moitié; on range alors les abricots un à un dans le bocal; on y verse le sirop, et enfin l'eau-de-vie. La quantité de celle-ci doit être égale à celle du sirop; on bouche bien le bocal, et après deux mois on peut en faire usage.

On prépare, de cette manière, les pêches et les prunes de reine-claude et de mirabelle.

Quant aux cerises, on leur coupe la queue; on les range dans un bocal; on verse dessus un sirop clarifié composé d'un quarteron de sucre par livre de fruits, ensuite on remplit d'eau-de-vie.

Poires à l'eau-de-vie. La petite poire de rousselet, connue sous le nom de rousselet de Reims, et le beurré d'Angleterre, sont les plus convenables. On les pique de tous côtés avec une épingle ; on les jette dans l'eau bouillante, pour les faire blanchir ; à mesure qu'elles s'amollissent, on les retire et on les jette dans l'eau fraîche; aussitôt qu'elles sont refroidies, on les pèle et on les jette encore dans l'eau fraîche, dans laquelle on aura exprimé le jus de deux citrons, ce qui leur conserve leur blancheur. Après avoir fait clarifier du sucre, et pendant qu'il est encore bouillant, on y met le fruit, et on lui laisse prendre sept ou huit bouillons; on retire du feu, et on met le tout dans une terrine, pour donner le temps au fruit de prendre du sucre; vingt-quatre heures après, on fait prendre au sirop dix ou douze bouillons, et on le verse bouillant sur les poires qu'on y laisse encore vingt-quatre heures; on retire alors le fruit; on le range dans le bocal, et on y verse le sirop mêlé à une égale quantité d'eau-de-vie. Deux mois après, on peut en manger.

Par le sel.

L'olive est le seul fruit qu'on conserve ainsi. On choisit, à cet effet, les plus belles espèces : ce sont ordinairement les olives picholines que l'on réserve à cet usage. On les cueille un peu avant leur parfaite maturité; on les fait macérer dans une lessive alcaline, qui a pour but de détruire l'amertume de ces fruits et de les rendre plus agréables et moins malfaisants; on les met ensuite dans des bocaux, avec une sorte de saumure composée de sel marin et de quelques aromates, pour donner au fruit une saveur plus agréable.

Quelquefois on les retire de la saumure, après un certain temps, et on les conserve dans l'huile d'olives.

Par le vinaigre.

Le vinaigre est peu employé pour la conservation des fruits, quoi qu'il pût l'être avec avantage.

C'est dans le vinaigre qu'on confit les câpres, qui ne sont autres que les boutons de la fleur du câprier. On les récolte avant l'épanouissement de la fleur. Plus ces boutons sont tendres, plus ils sont convenables. A mesure qu'on les cueille, on les jette dans le vinaigre; c'est là toute la préparation qu'ils exigent.

On en fait de même à l'égard des graines de capucines.

On confit encore au vinaigre des prunes et des cerises ; les damas violets, les perdrigons, et toutes les prunes charnues, sans être trop juteuses, et parmi les cerises, les griotes et les bigarreaux sont celles qu'on préfère.

On leur coupe la moitié de la queue ; on les essuie, on les pique de quelques coups d'aiguille, et on les met à mesure dans un vase de grès ; on prend ce qu'il faut de vinaigre pour couvrir les fruits ; on y ajoute six onces de sucre par livre de fruits, un demi-gros de canelle et autant de girofle ; on fait bouillir quelques instans le tout ensemble, et on verse bouillant sur les fruits ; on renouvelle cette opération encore deux fois, à vingt quatre heures d'intervalle ; on bouche hermétiquement, et on conserve en lieu sec.

Ces fruits forment un hors-d'œuvre que l'on sert comme les cornichons.

Moyen d'utiliser les fruits qui se gâtent au fruitier, ainsi que ceux qui tombent des arbres.

Ce procédé, dû à M. le chevalier Astier,

qui l'a développé dans un mémoire présenté à la Société Royale d'Agriculture de la Haute-Garonne, nous a paru mériter d'être connu.

Le vent, la grêle, ou autres accidens, font tomber une partie des fruits avant leur parfaite maturité. Ceux-ci, dans l'état où ils se trouvent, ne sont pas mangeables, et l'on ne peut à tout instant en tirer parti. C'est donc principalement pour conserver les fruits jusqu'à l'époque où les vendanges permettent d'en faire du raisiné, au moyen du moût de raisin, que l'auteur a imaginé son procédé. Voici en quoi il consiste; nous l'extrayons du *Journal des propriétaires ruraux*.

« Ayez un baril, ou un tonneau, dont la bonde soit assez large pour qu'un homme y puisse parfaitement passer le bras, que cette ouverture soit parfaitement ronde et très-unie, afin de pouvoir être bouchée exactement, et que le bondon fait au tour soit lui-même percé, en son centre, d'un trou rond propre à être bouché avec un tampon de liége; ce qui fera que vous aurez à volonté une grande et une petite ouverture. Placez votre tonneau dans un lieu frais, et remplissez-le à-peu-près aux trois quarts, de moût muté et tiré au clair-fin. Cela fait, brûlez dans la partie vide, en les introduisant par la petite ouverture, une ou plusieurs mêches souffrées, jusqu'à ce que le souffre refuse de brûler, et alors bouchez exactement votre vaisseau ; voilà tout ce qu'il y a à faire. A partir de là, et au fur et à mesure que vous aurez des fruits disponibles, soit provenant de leur chute anticipée au verger, soit par rebut du fruitier, ou toute autre cause que ce soit, vous les pèlerez et nettoierez exactement de tout ce qu'il pourrait y avoir d'altéré, rejetant les pepins et ne réservant enfin que les parties saines de la chair, que vous couperez, autant que possible, par morceaux réguliers d'égale grosseur, comme cela se pratique pour les fruits qu'on destine à faire des compotes ; jetez-les dans votre tonneau, par la grande ouverture ; bouchez exactement, et continuez ainsi jusqu'à ce que votre vaisseau soit plein. Ce sera votre provision ; vous pourrez la conserver, non seulement jusqu'à la venue des nouveaux fruits, mais encore plusieurs années, vu que préparés de cette manière ils sont incorruptibles. Ainsi, lorsque vous voudrez faire des marmelades, compotes, et autres confitures, vous n'aurez qu'à puiser à la réserve dans la proportion de trois parties de mout sur une de fruits, que vous ferez cuire ensemble, à feu vif, dans une casserole de terre, avec addition de quelques aromates, au goût du consommateur, tels que canelle, girofle, écorce d'orange, etc., et vous aurez ainsi, à volonté, dans toutes les saisons de l'année, un mets de dessert, qui aura toute la fraîcheur et l'agrément d'une compote préparée au sucre avec des fruits récens, ou, (si vous voulez opérer en grand), une masse de raisiné propre à être mise à l'office, ou envoyée au regrattier, pour la vente en détail à ceux qui n'ont ni vignes, ni vergers. »

Ce procédé, fort simple, ne peut manquer d'être très utile à la campagne comme à la ville, surtout dans les grandes maisons, et aux marchands de fruits, qui trouveront ainsi un moyen sûr d'utiliser les fruits qui se gâtent dans leurs fruitiers.

DE LA DÉSINFECTION

DES SUBSTANCES ALIMENTAIRES.

Toutes les substances négligées dans leur

conservation, arrivent à la putridité qui en empêche l'emploi; mais ce sont particulièrement les substances animales, plus coûteuses et moins faciles à remplacer que les végétales, qui se corrompent plus promptement, et qu'il importe de rétablir lorsqu'elles sont trop avancées. Nous avons déjà dit combien le charbon de bois avait la faculté de conserver ces mêmes substances; c'est encore à lui que nous devons le moyen de les désinfecter.

On prend du charbon de bois, concassé de la grosseur d'un grain de blé; on le passe dans un crible percé de trous de cette dimension, afin de retenir les morceaux trop gros; ensuite, on lave ce qui a passé à grande eau, pour le débarrasser de la poussière dont il est mêlé, ce que l'on continue jusqu'à ce que l'eau reste limpide; alors on l'étale à l'air et on le fait sécher. Une fois sec, il est propre à l'usage que nous allons indiquer.

On fait chauffer de l'eau dans un chaudron; quand elle est en ébullition, on y plonge, à plusieurs reprises, la viande gâtée dont on a soin de couper les parties trop putréfiées, et on la lave ensuite dans l'eau froide, pour achever d'enlever la moisissure et les vers qui auraient pu résister à l'eau chaude.

Après que la viande est débarrassée de toutes ses saletés, on étend un linge propre et d'un tissu serré, sur lequel on étale une couche de charbon épaisse de deux doigts, et on y dépose la viande que l'on enveloppe soigneusement de tous les côtés; on ne ménage pas le charbon, et on lie la viande, ainsi enveloppée, avec de la ficelle, afin qu'il ne se dérange pas, et reste toujours appliqué sur la viande.

On place la viande, ainsi arrangée, dans un chaudron, sur un lit de charbon, et on verse dessus de l'eau, à raison de cinq litres par chaque trois livres de viande. Si on a plusieurs morceaux de viande, on a soin, lorsqu'ils sont enveloppés séparément, de mettre entre eux des morceaux de charbon, et de les séparer de la même manière des parois du chaudron.

On fait bouillir pendant deux heures; après ce temps on retire la viande, on la débarrasse du charbon, on la lave à grande eau fraîche, jusqu'à ce que celle-ci reste limpide. Alors la viande a repris sa fraîcheur, sa fermeté et sa couleur. Dans cet état, elle peut donner un bouillon aussi bon que celle qui sort de la boucherie.

Des saucissons et des poissons de mer, traités par le même procédé, peuvent reprendre leurs qualités primitives.

En général, toutes les substances animales, gibier, volailles, viande de boucherie, etc., peuvent être rétablies par le charbon, et redevenir propres aux usages ordinaires. Quand il s'agit de désinfecter une pièce de volaille, ou de gibier, il faut avoir soin de remplir le corps de charbon; si on les destine à être mis à la broche, il suffit de les faire bouillir, ainsi préparés, pendant un quart d'heure.

Le gaz acide carbonique réussit très-bien pour la désinfection des viandes, et particulièrement du gibier. On commence par le plumer, ou le dépouiller de sa peau, on le vide, et si on veut on le pique de lard, ou on le barde selon l'occasion, afin de n'avoir plus à y toucher après l'opération: on le place alors dans une jarre en verre, dont le couvercle ferme parfaitement; on le lute même pour plus de sûreté. La jarre a une tubulure près de son fond, et le couvercle est percé d'un trou; on ajuste à la tubulure de la jarre le bout d'un tube en verre, recourbé, qui s'adapte à un flacon à deux tubulures. Dans ce flacon, on met du marbre pilé, et par la seconde tubulure du flacon, on verse peu-à-peu de l'acide muriatique, ou hydroclorique, étendu dans dix fois son poids d'eau; le gaz acide carbonique se dégage en abondance et se rend dans la jarre. Sa pesanteur spécifique étant à peu près double de celle de l'air, il chasse peu-à-peu celui-ci de la jarre, qu'il remplit à son tour. Le point essentiel est de savoir quand celle-ci est pleine. Pour cela, on adapte au trou du couvercle un tube en verre recourbé, qui va plonger dans une petite bouteille à moitié pleine d'eau de chaux; aussitôt que la jarre est pleine, le gaz acide carbonique en excès s'échappe par le tube, et trouble fortement l'eau de chaux dès qu'il y touche; on cesse alors de produire du gaz acide carbonique, et on laisse ainsi la viande en contact avec ce gaz, plus ou moins de temps, suivant son degré de putridité.

Le gibier, désinfecté par ce moyen, a un goût délicieux, et se fond dans la bouche.

Ce procédé n'est pas d'un usage aussi commode, ni aussi économique que le charbon; mais il est encore plus sûr.

C'est de même avec le charbon que l'on parvient à enlever l'acidité au bouillon; il suffit pour cela de le faire bouillir, et d'y jeter quelques morceaux de charbons ardens. Cependant, lorsque le bouillon est très-aigre, ce moyen est insuffisant. Dans ce cas, on fait dissoudre de la potasse dans un verre d'eau; la proportion à employer est à peu près une demi-once de potasse, dans demi verre d'eau, pour trois pintes de bouillon. Cependant, comme cela dépend de son acidité, il faut verser peu à peu cette dissolution de potasse, que l'on a préalablement tirée à clair, et on goûte souvent, pour s'arrêter lorsque l'acidité a disparu. Ce moyen est d'un effet certain et ne communique au bouillon aucune qualité nuisible; seulement il devient plus rafraîchissant.

DE L'EMPLOI DES OS,

POUR EN EXTRAIRE DU BOUILLON.

Nous avons promis précédemment d'indiquer comment on extrayait la gélatine des os. Plusieurs raisons devaient nous engager à consacrer un article à cette préparation si utile, si économique, et dont on peut tirer des ressources immenses pour le soulagement des malheureux.

Il est généralement reconnu, en physiologie, que la gélatine des os abonde en sucs nourriciers qui conviennent parfaitement à nos organes qu'ils réparent en peu de temps. On peut dire que le bouillon d'os est plus salutaire et plus convenable aux malades et aux convalescens, que celui de viande.

C'est donc une négligence impardonnable que de laisser perdre des os. A Genève, des boîtes sont placées au coin des rues pour recevoir les os que chacun vient y déposer, après les avoir extraits proprement de la viande qu'il consomme. Ces os, portés aux établissemens de bienfaisance, sont ensuite convertis en bouillons, avec lesquels on soulage les indigens. Pourquoi un pareil exemple n'est-il pas suivi dans toutes les grandes villes? Si on considère quelle masse d'alimens sains et nourrissans se trouve ainsi perdue dans Paris, par exemple, on en serait effrayé! En effet, prenant le terme moyen des résultats obtenus par les chimistes, dans la confection du bouillon d'os, on aura au moins dix livres de bouillon par livre d'os. Les os, vendus par les bouchers avec la viande, peuvent être estimés le sixième du poids de celle-ci ; ainsi, supposant que la vente journalière de viande soit de 200,000 livres, ce qui est au-dessous de la réalité, on aura 33,333 livres d'os, qui peuvent fournir 333,330 bouillons d'une livre, ou de chopine. Que de malheureux auraient une bonne soupe, si cette ressource étoit employée !

Mais nous n'avons à considérer que l'économie domestique, et nous répéterons que l'emploi de tous les os que l'on jette le plus ordinairement, peut être d'un secours trop important pour le négliger.

Non seulement les os frais, mais encore ceux qui ont été bouillis, ou qui proviennent de viandes rôties, peuvent être employés ; ces derniers n'ont perdu qu'un trente-deuxième de leurs parties nutritives.

On commence par briser les os, de la grosseur d'un pois, à l'aide d'un mortier de fer ; on a soin, pendant l'opération, de les arroser de deux onces d'eau par livre, pour prévenir l'effet de la chaleur du pilon ; il faut aussi avoir soin de ne jamais piler les os lorsqu'ils sont encore chauds. On les met ainsi dans un vaisseau de fer-blanc percé de petits trous, comme une passoire, mais muni d'un couvercle également percé de petits trous, pour que les légumes ne se mêlent pas avec les os; on nomme ce vaisseau de fer-blanc diaphragme; il est supporté par trois pieds qui le soutiennent au milieu de la marmite. On plonge ce diaphragme de fer-blanc dans une marmite où l'on a mis l'eau convenable; on y ajoute des légumes, comme à un pot au feu ordinaire; on sale, on écume, et l'on conduit l'opération à petit feu. Après six heures d'ébullition douce, on dégraisse, et on a un bouillon coloré qui, refroidi, se convertit en gelée. Trois livres d'os peuvent fournir quinze litres de bouillon et six onces de graisse.

Ce bouillon n'est pas aussi agréable que le bouillon de viande; mais on peut le rendre aussi parfait, en ajoutant, pour la proportion donnée plus haut, une demi-livre de viande. On a alors un bouillon qui ne le cède en rien à celui obtenu par les moyens ordinaires.

Lorsqu'on veut faire des tablettes avec ce bouillon, pour les conserver, on s'y prend comme nous l'avons dit, page 34.

Nous sommes loin, sans doute, d'avoir développé tous les moyens dont l'application peut être utile à la conservation des alimens. Toutefois nous avons dû n'indiquer plus particulièrement que ceux qui sont d'un usage facile et assuré. Parmi tous les procédés que nous avons décrits, beaucoup sont déjà connus; mais les choses les plus simples s'oublient promptement; et nous avons cru être utile, en réunissant, dans ce petit ouvrage, tous les procédés de conservation dont on a besoin journellement.

FIN.

TABLE
ALPHABÉTIQUE GÉNÉRALE
DES MATIÈRES.

FIN DE LA TABLE.

PARIS, DE L'IMPRIMERIE D'A. EGRON,
rue des Noyers, n° 37.

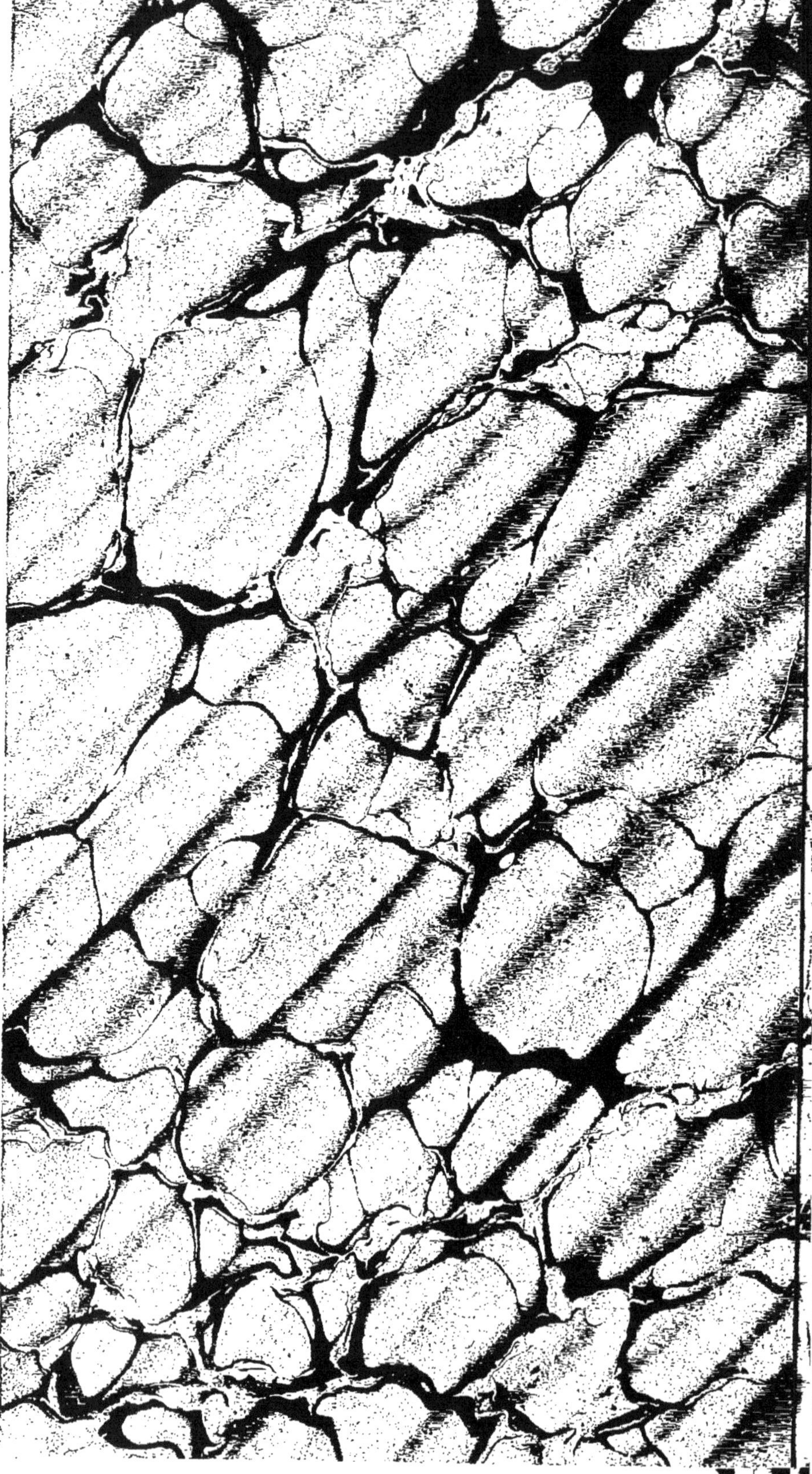

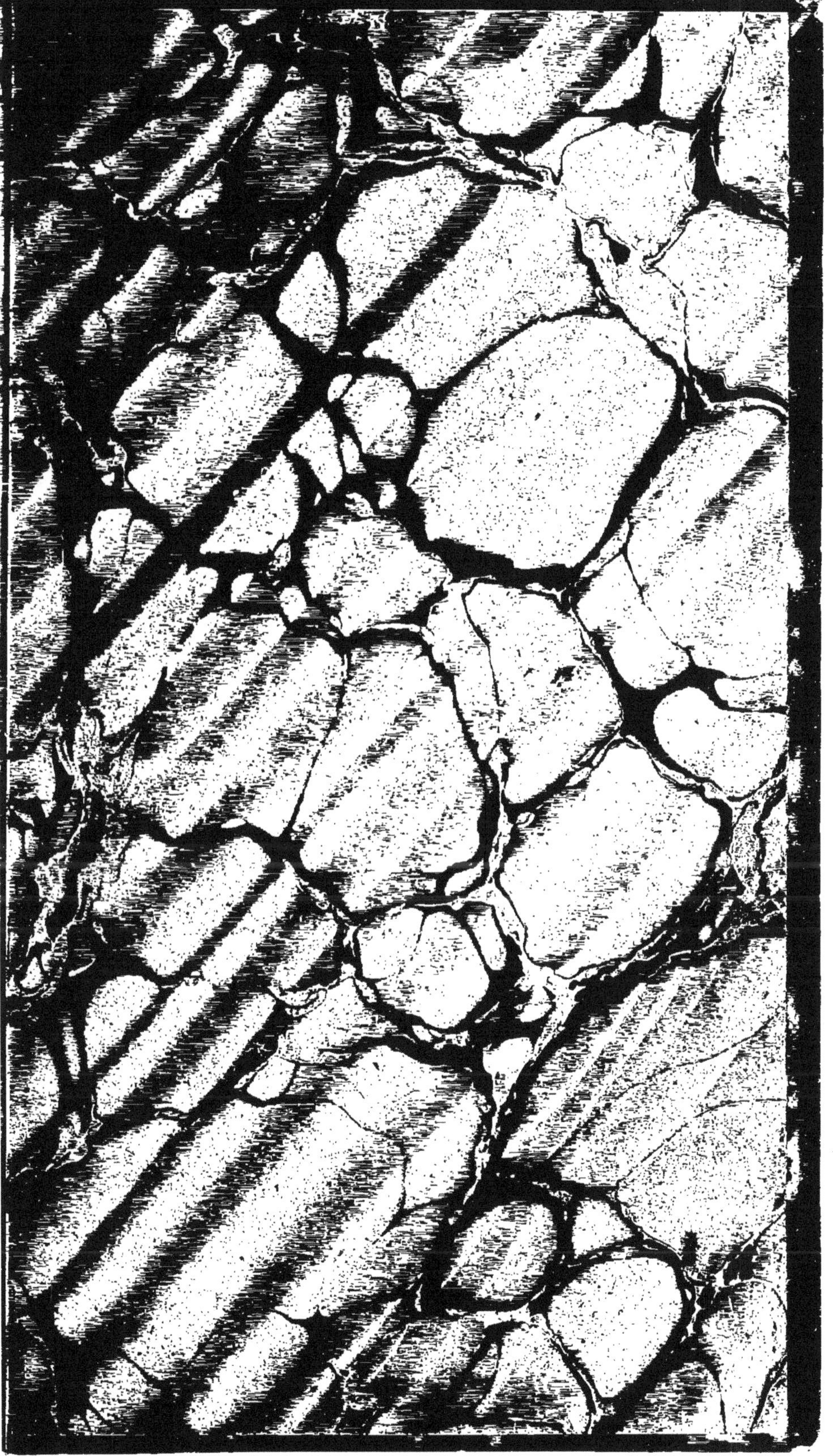

BIBLIOTHEQUE NATIONALE DE FRANCE
3 7531 03333444 3

www.ingramcontent.com/pod-product-compliance
Ingram Content Group UK Ltd.
Pitfield, Milton Keynes, MK11 3LW, UK
UKHW020327230726
13925UKWH00002B/678

9 782014 430707